한국 출판 이야기

한글 활자와 전자출판의 연대기

한국 출판 이야기

이기성 · 김경도 지음

春明
춘명

책머리에

●
●
●

우리 문화의 소중한 가치를 찾아 떠나는 출판여행

출판산업은 모든 문화산업의 기반이 되는 산업입니다. 책이 문명의 기반이라는 사실에 이견이 없지만, 현실은 출판산업이 모든 문화산업의 모태라는 사실에 대해 간과하는 경향이 있습니다. 특히 반만년의 역사를 일구어 온 대한민국에서 출판과 인쇄가 차지하는 문명사적 위상은 전 세계적인 자랑이 아닐 수 없습니다.

어떤 기기에서든 한글이 구현되는 한글 코드 표준화, 우리 문화에 맞는 한글 원도 개발 및 한글 글자본 제정과 같은 출판 환경은 출판인들의 노고와 헌신이 있었기에 가능했습니다.

오늘날 출판문화산업은 악화일로에 있습니다. 독서인구는 날로 감소하고 있고, 출판 매출이 감소하는 것은 물론, 신성장동력을 찾기 어려운 현실에 처했습니다. 그러함에도 불구하고 미래의 후손들이 우리 문화와 우리 책의 소중한 가치를 지켜나갈 수 있도록 대안을 찾아야 합니다.

한국의 전자출판 연구는 8비트급 개인용컴퓨터가 한국에 도입된 1982년부터 시작하여 1988년에 '한국전자출판연구회'가 발족되면서 본격적으로 시작되었습니다. 이후 '전자출판학회(CAPSO)'로 외연을 확장하면서 미디어 중심의 전자책 연구를 전개했고, 2006년에는 '한국콘텐츠출판학회'를 창립하여 연구의 무게중심을 콘텐츠로 옮겼습니다. 2011년에는 '한국전자출판교육원'을 설립하여 지금까지 출판편집학 이론 및 실기 교육과 연구를 실시하고 있습니다.

급변하는 통신환경에 따라 출판문화산업도 출판콘텐츠를 발견하는 것보다 데이터나 정보와 지식을 얼마나 잘 편집하여 새로운 가치를 창조하느냐가 더욱 중요해졌습니다. 한국전자출판교육원에서도 이러한 현실을 감안하여 2018년에 '한국편집학회'를 창립하여 출판편집학의 미디어 지형도를 연구하고 출판물의 킬러콘텐츠와 융합콘텐츠를 발전시키기 위한 심도깊은 연구활동을 전개하고 있습니다.

한국전자출판교육원에서는 그간의 연구성과를 출판물로 펴내기로 하고, 가장 먼저 지금까지의 전자출판 발전과정에 대한 내용을 정리하여 '한국 출판 이야기'를 펴내게 되었습니다. 이 책은 제1부 전통출판과 전자출판, 제2부 출판과 문화, 제3부 한글과 활자, 제4부 전자출판의 발전 과정, 이렇게 네 개의 주제로 나눠 50개의 이야기로 구성되어 있습니다.

이 책은 우리 시대 출판문화산업 발전을 위해 고군분투하는 출판인들은 물론 한국 출판의 역사 및 한글과 활자에 대한 본질을 알고 싶은 분들에게 실마리를 제공하는 지식교양서입니다.

이 책의 본문에 사용한 기본 서체는 한국출판문화산업진흥원에서 한글 글자본 제정 기준에 맞춰 개발하여 무료로 배포하고 있는 순바탕체를 사용했습니다. 중간 제목에 사용한 네모체는 본고딕체를 사용했으며, 표지의 제목 서체는 빙그레 메로나체를 사용했습니다.

한국전자출판교육원에서는 책을 통한 문화적 다양성과 고유문화를 확장하기 위해 출판물을 꾸준하게 발간할 계획입니다.

2020(단기 4353)년 2월

한국전자출판교육원
원장 **이기성**
부원장 **김경도**

차 례

●
●
●

출판과 문화

한글과 활자

전자출판의 발전 과정

제4부

제1부

∴

전통출판과 전자출판

01. 출판이란 무엇인가

출판은 가치 있는 내용을 기획하고 편집하고 제작하여 매체에 담아 독자에게 전달하는 행위이다.

출판은 그 민족의 문화를 계승하고 발전시키는 역할을 한다. 역사, 변화, 놀이 문화, 식사 문화, 지식, 오락, 뉴스, 문학 등 그 집단(사회·국가·민족)의 공동 문화를 글자나 그림이나 사진이나 소리로 보관하고, 현 세대는 물론 후세에게도 전해 주는 임무가 출판인에게 있다.

현대 사회는 고유문화와 정신을 담은 형태의 콘텐츠를 개발해야 세계와 경쟁할 수 있다. 세계적 간여주의, 즉 세계적 규모화(globalism)가 강화될수록 현지 고유문화의 창안이 시급한 문제가 된다. 기술 발전으로 세계화가 진행되고 있는 시점에서 출판이 우리 고유문화 생산자의 역할을 하지 못하면, 자칫하다간 강대국의 노예로 전락하기 쉽다. 세계화, 국제화, 지식산업화, 정보화 사회에서는 고유문화를 보호 발전시키는 출판의 중요성이 강하게 대두되고 있다. 우리 한민족은 다행히도 한글이라는 고유문자와 한국말이라는 고유언어를 유지하고 있다.

한국의 출판인은 한글문화를 보존하고 창달시키며, 한국말을 계승시키는 역할을 한다.

출판물의 내용은 콘텐츠이고, 문장론은 스토리텔링이고, 원고지정은 타이포그래피라고 부른다.

출판물은 그 저작물의 내용(contents)에 따라서 분야(field)별로 분류하면, ① 교과서 ② 단행본 ③ 잡지 ④ 신문의 네 분야로 크게 구분할 수 있다. 잡지출판이 중요한 것은 물론이고, '책 중의 왕(the King of the Book)'은 교과서이고, '책 중의 꽃(the Flower of the Book)'은 단행본이라고 불릴 정도로 교과서와 단행본 역시 중요한 위치에 있다.

콘텐츠가 없는 책은 공책이다. 내용보다 형태를 중시하는 아트북이나 공책은 콘텐츠의 비중이 빈약하므로 책이라 부르기에 부적당하다. 종이책이나 전자책이나 콘텐츠가 있어야 책으로 불릴 자격이 있다.

출판의 기능은 전통 문화를 보호·육성함은 물론, 지식과 정보를 독자에게 전달함으로써 교육하고 새로운 문화를 창조하며, 인간의 삶의 질을 개선하는 데 있다. 공부와 휴식은 둘 다 인간에게 필수 불가결한 요소로, 이 두 가지 요소를 다 만족시킬 수 있는 것이 출판이다.

02. 전자출판은 컴퓨터 퍼블리싱이다

컴퓨터를 사용하는 출판이 전자출판이라는 걸 알면 DTP가 전자출판이니, 전자책 만드는 것만이 전자출판이니 하는 논쟁은 없어질 것이다.

이기성 한국전자출판교육원장은 2016년에 한국출판문화산업진흥원장이 되고 나서 어이없는 말을 들었다. "전자출판 전문가가 출판진흥원장이 되었으니 이제 종이책은 망했다"는 것이다. 전자출판이 뭔지, 전자출판물이 뭔지 잘 모르는 사람들이 전자출판을 전자출판물이나 전자책으로 혼동하고 의심하는 말이었다.

이미 오래전부터 이기성 원장이 전자출판과 관련하여 많은 논문을 발표하고 저서를 펴내면서 한결같이 주장한 전자출판의 정의는 '컴퓨터를 이용하여 출판물을 만드는 CAP(Computer Aided Publishing)'이다. 다른 말로 하면 '컴블리싱(컴퓨터 퍼블리싱)'이다.

전자출판(CAP)은 컴퓨터를 활용하여 출판물(종이책, 전자책)을 만드는 행위이다. 전자출판은 출판 행위에서 컴퓨터의 도움을 받는(computer aided) 출판을 말한다.

종이책을 출판할 때 워드프로세서를 사용하거나 DTP(인디자인, 퀵)를 사용하는 것은 종이책-전자출판(paper book CAP)이다. 전자매체인 디스크나 통신망에 담아 출판하는 것은 비종이책-전자출판(non-paper book CAP)이다.

전자출판은 종이책을 만드는 전자출판과 비종이책을 만드는 전자출판으로 나눌 수 있다. 종이책을 만드는 전자출판 행위에는 중대형 컴퓨터를 사용하는 컴퓨터조판(CTS)과 책상 위에 올라가는 크기의 개인용컴퓨터를 사용하는 탁상출판(DTP) 시스템이 있다. 비종이책(non-paper book)을 만드는 전자출판 행위에는 최종 출력 매체로 디스크(CD, DVD, USB)를 사용하는 디스크책 전자출판(disk book CAP)과 통신망을 연결한 매체를 사용하는 화면책 전자출판(network screen book CAP) 방식이 있다.

영국 LJ 대학과 엑세터(EXETER) 대학, 영국의 학술 저널 센터(ERIC), 미국의 퍼듀(Purdue) 대학과 세인트루이스 대학(St. Louise Community College), 캐나다의 논문 센터(CiteSeer) 등의 전자출판 교과목을 개설하고 있는 대학과 학원에서는 전자출판을 CAP(Computer Aided Publishing)로 표기하고 있다.

출판과 전자출판은 출판물을 만드는 행위를 말한다. 출판물은 출판 행위로 탄생한 결과물로서 책을 말하고, 전자출판물(Electronic Publications)은 전자출판 행위의 결과로 탄생한 전자책을 말한다.

종이책, 종이 신문, 종이 잡지를 아날로그 제품이라 말하고 전자책은 디지털 제품이라 말한다. 출판은 영어로 publishing이고 출판물은 publication, book이라고 한다.

출판을 전통출판과 전자출판으로 나누지 않고 아날로그출판과 디지털출판으로 나누는 것은 출판 전문인이 아닌 IT 관련 분야에서 분류하는 방식이다. 출판은 책을 만드는 행위인데 디지털출판은 출판 행위의 결과로 만들어진 출판물을 기준으로 분류한 것이다.

전자책(ebook)을 미디어에 따라 분류하면 싱글미디어(single media) 전자책에는 텍스트 없이 음성만 나오는 오디오북이 있다. 다중미디어(multi media) 전자책에는 텍스트와 오디오, 오디오와 비디오, 텍스트와 오디오와 동영상이 나오는 책이 있다.

1998년부터 일기 시작한 화면책 단말기(ebook) 붐은 2000년 3월 14일 미국의 작가 스티븐 킹이 '총알 자동차 타기(Riding the Bullet)'를 인터넷에서 화면책으로 판매하기 시작하면서 시작되었다.

종이책이나 전자책이나 "단지 마지막에 생산할 때(output) 종이에 찍을 것이냐 아니면 전자 콘텐츠로 만들 것이냐의 차이일 뿐, 기획·편집·마케팅 과정은 똑같다. 요즘 누가 납활자를 손으로 조판하고 손으로 밀어서 종이에 인쇄하는가? 결국, 전통출판이나 전자출판이나 출판 제작 과정에서 컴퓨터를 사용하는 것은 같다.

03. 파이브지(5G)와 구름책 출판

출판물은 종이책에서 디스크책으로 발전하고, 다시 통신망에 연결하여 책을 보는 화면책으로 발전해 왔다. 화면책을 전자책(ebook)이라고도 부르는데, 5G 시대에 들어오면서 구름책(cloud book)으로 발전하고 있다.

지금까지 경제의 원동력이 석유였다면 앞으로는 5G가 인공지능, 사물인터넷, 가상현실, 증강현실, 빅데이터 등 최첨단 기술의 원동력이 될 것이다. 출판계는 5G 시대에 어떻게 적응하고 발전해야 하는가?

지난 20여 년간의 출판산업이 아날로그와 디지털이 결합된 아나털(ana-tal) 시대였다면, 오늘날 출판산업은 인공지능(AI) 통신망이나 사물인터넷(IoT), 증강현실(AR), 가상현실(VR), 빅데이터 등의 첨단기술이 결합된 'Mixed Media' 시대에 접어들었다.

'책'이 종이나 디지털화면 등의 평면적인 공간에서 탈피하여, 우리 생활 곳곳에서 입체적으로 펼쳐지는 시대이다. 여기에다 지금 사용 중인 이동통신 LTE 기술보다 속도가 더 빠르고, 100만 개가 넘는 디바이스가 동시에 접속이 가능해지는 5G 기술이 보편화되면 컴퓨터를 사용하는 출판(Computer Aided Publishing)인 '전자출판'은 또 한 번 비약적으로 도약할 것이다.

파이브지(5G)의 정식 명칭은 'IMT-2020'으로 국제전기통신연합(ITU)에서 정의한 '5세대 이동통신' 규약이다. 말 그대로 1세대부터 발전하여 5세대에 도착했다.

ITU가 정의한 5G는 최대 다운로드 속도 20Gbps, 최저 다운로드 속도 100Mbps인 이동통신 기술이다. 20Gb(20기가바이트)는 1초당 한글 1백억 글자(2백억 바이트) 속도로 움직이는(이동하는, 전송되는) 통신 기술인데, 4세대 이동통신인 LTE에 비해 속도가 20배나 빠르고, 처리 용량은 100배나 많다. 5G는 '초저지연성'과 '초연결성'을 통해 가상현실, 빅데이터, 인공지능, 사물인터넷 기술 등을 유용하게 구현할 수 있어 원격의료, 무인배달, 스트리밍 게임, 스마트팩토리, 자율주행 등 다양한 분야에서 엄청난 변화를 일으킬 것으로 전망한다.

출판 분야에서 중요한 5G 기술의 핵심은 '끊김이 거의 없어졌다'는 '초저지연(超低遲延)'이다. 5G에서 통신 타임래그는 1000분의 1초에 불과하다. 클라우드에서 정보를 받는 데 걸리는 시간이 거의 즉시라고 할 수 있다. 1000분의 1초 만에 100만 대의 기기가 동시 접속할 수 있는데다가 빅데이터, 딥러닝, AI 등의 기술이 연결되면서 통신환경이 급속도로 발전하고 있다.

전자출판도 통신기술의 발전으로 데이터 전송 속도와 안정이 확보되면서 언제 어디서나 통신망이 연결되는 유비쿼터스 책, 대용량 하드디스크를 공유하는 구름책 (cloud book) 시대로 들어섰다.

구름책 출판 시대는 수용 공간이 무한대인 하드디스크를 가상의 구름에다 보관하므로 출판사나 독자나 외장하드를 계속하여 추가로 살 필요가 없어졌다. 구름 서버 회사에다 대용량의 외장하드 관리를 맡기면 통신 속도, 저장 용량, 관리 사원 인건비 걱정에서 해방된다. 통신망을 사용하여 언제, 어디서나, 누구나 책을 읽을 수 있고, 책을 출판하여 저장할 수 있는 구름창고(클라우드) 개념이 등장하면서 이제 정보는 소유의 개념에서 공유 혹은 연결의 개념으로 변모하고 있다.

출판 방식도 원고 하나로 종이책 한 권을 제작하던 OSOP(One Source One Single Product) 방법에서 원고 하나로 종이책, 디스크책, 화면책 등 여러 형태의 출력물을 제작하는 OSMP(One Source Multi Product) 방법으로 발전했다.

또한 같은 원고라도 책, 드라마, 영화, 게임, 캐릭터 상품 등 다양하게 제작되는 OSMU(One Source Multi Use) 방법도 출현했다. 아날로그 매체만 사용하다가 컴퓨터 혁명 시대를 만나서 종이라는 아날로그 매체는 물론 메모리와 디스크라는 디지털 매체를 둘 다 사용하는 아나털 시대가 되었다. 아나털 시대에는 인터넷의 웹 정보처럼 검증되지 않은 정보가 너무 많아져 지식과 정보의 가치를 판단하는 것이 중요해졌다. Know How가 중

시되다가 이제는 Know Where가 중요시되고 있다. 정보 사회에서는 Know Where를 알아서 Know How를 독자에게 알려주는 출판의 역할이 더 필요해진 것이다.

구름책 출판 시대에 한국 출판업계와 인쇄업계가 살아갈 길은 '출판 관련인이 미래를 정확히 예측하고, 이에 대비하는 것'이다. 매체(media)의 발전에 발맞추어 기획, 편집, 디자인, 제작 등 출판 기술이나 인쇄 기술도 발전하지 못한다면, 이는 외국 출판사와의 경쟁에서 패배할 수밖에 없다. 출판 관련 모든 산업이 구름책 출판 시대에 적응하려는 노력을 기울여야 앞으로 살아남을 수 있다.

출판사에서는 책 내용을 하드디스크에 저장하다가 용량이 넘치면 외장 하드디스크를 추가하여 저장했다. 그러나 데이터를 전송하는 속도와 전송 도중에 데이터의 안전성이 확실하게 보장되면 저 하늘의 구름 위에다 초대형 외장디스크 창고를 지어놓고서 무제한 용량의 데이터를 저장하고 독자와 출판사는 언제나 어디서나 마음 놓고 사용할 수 있는 것이다.

04. 자기 스스로 출판하는 시대

지금까지는 '책을 읽는 사회'였지만 앞으로는 '자기 책을 만드는 사회'로 나아갈 것이다. 더불어 책이 평면적인 공간을 벗어나, 우리 생활 곳곳에서 입체적으로 펼쳐지는 시대가 곧 실현될 것이다.

컴퓨터가 발명되면서부터 아날로그 시대에서 아나털 시대로 진입한 출판 분야도 예외는 아니어서 납활자로 조판하던 전통출판 방식은 자취를 감추었고, 그 대신 컴퓨터를 이용하여 출판을 하는 전자출판 시대가 열렸다. 전자출판도 변화와 발전을 거듭하여 언제나 어디서나 누구나 출판하는 '언제나 출판', 구름처럼 보이지는 않지만 가상의 서버공간에 정보를 담아두고 필요할 때마다 언제든지 꺼내서 출판하는 '구름책 출판' 시대를 맞이했다.

출판사에서는 출판기획에서부터 원고정리, 교열교정, 원고지정, 편집디자인, 제작, 출판마케팅에 이르기까지 출판에 필요한 모든 업무를 컴퓨터로 처리하고 있다.

교육계에서도 컴퓨터를 통한 교육이 활성화되면서 일선 학교에서는, 교과서 없이도 수업을 전개하는 학교가 늘고 있고, 온라인 강의와 전자책을 이용한 교육이 확

산되고 있다. 정보를 습득하는 방식에서도 컴퓨터의 영향력이 절대적이다. 종이신문은 펼쳐볼 생각도 않고 네이버나 다음의 손톱뉴스로 세상을 접한다. 종이에 인쇄한 만화책과 소설책을 읽기보다는 웹툰이나 웹소설을 컴퓨터 모니터 화면으로 보는 걸 즐긴다. 이렇게 직접체험 공간보다는 간접체험 공간인 사이버 공간의 영향력이 커지다보니 독자들은 더욱 흥미롭고 재미있는 정보에 민감하게 반응을 하고 있다. 최근에는 소셜네트워크에 일상사를 낱낱이 기록하는 사람들이 늘어나고 있다. 이 기록은 출판물의 1차 자료가 되어 1인출판의 대중화를 촉진하고 있다.

우리나라 출판계 전체의 시각에서 보았을 때 국제 경쟁력을 갖추고 있는 것은 무엇일까? 하나는 그림책 분야이고 다른 하나는 학술서적이다. 특히 학술서적 콘텐츠의 품질 수준이 매우 높다. 하지만 현실은, 학술서적에 대한 콘텐츠가 책으로 나오지 못하고 1년에 1만 명 이상 퇴직하는 학자들의 연구 결과가 사장되고 있다. 평생의 지적재산이 날아가는 것을 막고 인류에 도움이 되는 책으로 남길 수 있게 하려면 스스로 직접 전자책을 만들 수 있도록 해야 한다.

현재 국내에서 사용되는 전자출판물 제작 소프트웨어의 대부분은 해외에서 개발된 것들로, 이것들은 제작된 콘텐츠를 독점 공급하는 방식으로 수익을 창출하거나,

비싼 사용료를 지불해야 하는 형태로 운영되고 있기 때문에 국내 중소출판사에게는 재정적 부담이 크다.

출판물의 내용이 재미있다면 독자의 책상에 놓일 것이요, 재미가 없다면 책장에 방치될 것이다. 컨버전스 시대를 맞아 스마트폰에서 전자책이 독자의 선택을 받으려면 출판물의 콘텐츠가 영화보다 감동적이고 게임만큼 재미있어야 한다. 지금 출판되고 있는 전자책이 웹툰이나 웹소설에 몰리고 있는 것도 웹툰이나 웹소설이 재미있어서 독자들의 선택을 받았기 때문에 생겨난 현상이다. 아무리 좋은 내용이라도 읽기가 어렵고 보기에도 불편한 책은 독자들이 외면하게 된다.

우리는 콘텐츠가 넘쳐나는 나라이므로 출판인들이 흥미롭고 재미있으며 가치 있는 콘텐츠를 만들고 즐길 수 있도록 전반적인 출판환경을 개선해야 한다.

한글 전자출판 과정에서 필요한 편집기와 폰트, 플랫폼 등의 프로그램들을 개발하여 무료로 제공해 누구나 쉽게 책을 만들 수 있는 환경을 만들어 주면 한국의 지식산업이 꽃필 수 있다. 개인이 손쉽게 출판할 수 있는 환경이 갖춰지면 더 다양한 콘텐츠가 양산된다는 측면에서 아래아한글을 쓸 수 있는 정도면 전자책도 만들 수 있도록 인프라를 구축해야 한다.

누구든지 출판사 사장이 되고 책을 만들 수 있도록 전자책용 워드프로세서가 필요하다. 다들 외국 것을 사서 써야 하는 줄 알지만 우리도 개발할 능력이 있다. 테스트 기간을 거쳐 장기적으로 세계 수출도 추진해야 한다.

　전자출판이란 전자책만 말하는 게 아니라 그에 맞는 콘텐츠 기획, 제작까지 모두 포괄하는 것이다. 전자책 제작 인프라가 깔리고 나면 당연히 어떤 이야기를 어떻게 스토리텔링해서 그 안에다 집어넣을 것이냐 하는 콘텐츠 문제에 집중할 수밖에 없다.

　전자책을 만들면 애플이나 아마존의 서버를 이용해 등록해야 하는데 수수료도 높고 절차도 복잡하므로 전자책을 만든 뒤 손쉽게 등록할 수 있는 서버도 정부 차원에서 마련해야 한다.

　현재 각기 다른 전자책 단말기를 표준화해서 구입처에 상관없이 어느 단말기에서나 전자책 콘텐츠를 볼 수 있도록 해야 한다. 서로 다른 플랫폼을 통일해 국민이 더 편하게 전자책을 볼 수 있도록 해야 한다.

　'자기 스스로 만들기(DIY; Do It Yourself)' 시대를 맞아 출판 분야도 '자기 스스로 출판하기(DPU; Do Publish Yourself, 1인출판)' 열풍이 일고 있다. DPU 과정에서 우리 한국인은 오랜 역사 속에서 축적된 다양한 콘텐츠를 갖고 있어 국제경쟁력이 높은 편이다.

05. 전자책 에디터를 지원해야 한다

이기성 원장이 출판진흥원장으로 재임하던 시절에 중점적으로 추진한 것이 전자출판 인프라 구축이다. 공용 DRM 상용화 및 표준 메타데이터 개발 사업과 국민 누구나 쉽게 전자책을 만들 때 사용할 BMP폰트 개발 사업 등이다.

한국출판문화산업진흥원 같은 공공기관에서는 전자출판물 제작을 위해 필요한 모든 과정에 사용되는 에디터 같은 소프트웨어를 개발해 국민에게 무료로 지원하는 것이 중요하다. 현업에서 쓰이는 이런 소프트웨어들 대부분은 해외에서 개발된 것들이기 때문에 저작권 문제로 가격이 비싸다. 그러니까 출판에 활용되는 한글 폰트, 동영상 소프트웨어, 그림 처리 소프트웨어 등을 무료로 개발하여 저작권과 관계없이 책을 출판하기를 원하는 모든 이들이 마음대로 사용할 수 있게 지원해야 한다.

제4차 산업혁명 시대에 과학과 기술만큼 중요한 것은 사람다운 생각, 그리고 새로움을 만들어 낼 수 있는 스토리와 상상력이다. 대한민국은 서양보다 78년이나 앞서 세계 최초의 금속활자본을 가졌고, 높은 인문정신의 힘으로 5천 년의 역사를 이끌어 왔다. 다가오는 미래를 주도할 '길' 역시 책 속에 있다. 독서를 통한 깊은 사유와 통찰력으로 풍부한 문화적 역량을 키워 간다면 찬란한 미래를 맞이할 수 있을 것이다.

우리나라의 IT환경이 좋은 것은 세계적으로 인정받고 있다. 우리는 오랜 역사와 사계절이 있는 자연환경으로 무궁한 이야깃거리(줄거리, 내용, story, contents)가 있는 문화를 향유하고 있으므로, 우수한 IT 실력과 다양한 콘텐츠가 합쳐지면 미래의 한국 출판산업은 K-POP을 능가하는 K-출판 시대가 올 것이라고 자신한다. 무궁한 콘텐츠를 국민 누구나 무료로 사용할 수 있는 에디터로 전자책을 만든다면 우리나라는 세계 제일의 지적재산권을 인정받는 콘텐츠 강국이 될 것이다. 머릿속의 아이디어는 지적재산권으로 인정받지 못한다. 종이책이나 전자책 또는 소프트웨어로 등록을 해야 지적재산권이나 프로그램 보호법으로 법적 보호를 받을 수 있다.

취미로 했든, 재미로 했든, 덕질로 했든, 전공으로 했든, 직업으로 했든 늘그막에는 자기만의 정말로 가치 있는 지적재산이 있다. 이것을 메모지에 적거나 머릿속에만 넣어 놓고 있으면 일생의 흔적이 무슨 소용 있을까. 평생의 지적재산이 날아가는 것을 막고 인류에 도움이 되는 책으로 남길 수 있으려면 자기가 직접 전자책을 만드는 것이다. 전자책용 에디터가 무료로 보급되면 지적재산권을 갖는 나만의 전자책이 생긴다. 전자책에 대한 저작권으로 인세를 받을 수도 있다.

06. 국산 입력기와 출력기 개발 비화

1880년대 유럽 선교사들이 성경책 출판을 위해서 일본에 활판인쇄술을 가르쳐준 이후 우리나라 인쇄산업은 일본에 100년 이상 종속되었다. 납활자는 물론 활판인쇄기까지 독일과 일본의 기계를 수입할 수밖에 없었다.

1980년대에 미국에서 개인용컴퓨터를 발명하자, 이번에는 미국 기술을 이용하여 일본이 한국 인쇄 시장을 재빨리 석권했고, 한국 인쇄산업계는 이를 당연한 일로 받아들이고 전량 일제 기계를 수입해서 사용했다.

미제 개인용컴퓨터 200만 원짜리가 일본회사 입력기라고 라벨을 달면 2,000만 원으로 10배, 독일제 1만 원짜리 디스켓은 8만 원으로, 6,000만 원짜리 출력기는 6억 원으로 8배에서 10배까지 일본 회사가 폭리를 취했다.

이기성 원장이 200만 원짜리 미제를 흉내 낸 100만 원짜리 국산 컴퓨터에 조판 프로그램을 짜서 넣고, 국산 출력기는 만든 회사가 없으니 도리 없이 일제 6억 원짜리 출력기로 인화지에 출력을 하는 데 성공했다. 이렇게 보여주니 출판사나 조판소에서 청계천의 100만 원짜리 컴퓨터나 삼보, 금성, 삼성, 대우의 150만 원짜리 컴퓨터를 구입하기 시작했고, 반면에 2,000만 원짜리 일제 입력기는 수입이 확 줄었다. 일본 회사 한 군데는 재빠르게 반값인 1,000만 원으로 입력기값을 내렸다. 인화지 출력기를 파는 다른 일본 회사는 자기네 입력기를 사가지 않은 한국 회사의 조판물은 인화지에 출력을 할 때 1,000개 글자마다 1개씩 틀린 글자로 나오도록 몰래 출력기에다 프로그램을 추가시켰다. 그 결과, 틀린 글자로 책이 나온 인쇄소는 난리가 나서 일본 출력기 회사에 항의를 했고, 일본 회사는 "한국인이 조판 프로그램을 잘못 짜서 그런 거지, 일제는 멀쩡하지 않느냐? 그러니 일제 입력기값이 비싼 게 다 이유가 있는 것이다"라고 해명했다.

화가 난 한울출판사에서 일제가 아닌 미제 엔진을 수입하고 대학생들과 협력하여 출력기 프로그램을 개발했다. 그러자 일본 회사의 방해 공작과 프로그램 개발자에 대한 협박이 시작되었다. 새벽 2시에 야쿠자가 전화를 걸어 "역도산도 배를 갈라 죽였는데, 이기성이 배는 철판 깔았냐?"라는 협박이 이어졌고, 경찰에 신변 보호 신청을 했다.

인화지 출력기 개발에 성공했는데도, 인쇄계는 10배 비싼 일제 출력기를 수입하는 실정이었다. 국산으로 대체할 자신이 있었던 이기성 원장이 국회의원들에게 일제 기계 수입을 금지해 달라고 요청했다. 마침내 수입 금지 법안이 국회에서 통과되자 곧바로 서울시스템, 한국일보에서도 미제나 이스라엘제 엔진을 수입해서 출력기를 직접 개발하기 시작했고, 일제 출력 회사는 일본으로 철수했다.

07. 아이카메라와 타키스토스코프

책을 펼칠 때 눈동자가 제일 먼저 어디로 가는지, 어디에서
오래 머무는지 알기 위해선 '아이카메라'가 필요하다.

1991년 〈주간조선〉에 1,000자 칼럼 '뚱보강사의 컴퓨터
이야기(뚱컴이)'를 연재하던 시절에 대학교수 한 분이 '앞
으로는 개인용컴퓨터가 대형컴퓨터 일을 대신한다'는 칼럼
내용을 보고 장왕사 사무실을 찾아왔다. 자기가 신설대학
의 총장을 맡을 거라면서, 수업용 컴퓨터 시스템 구축에 대
해 문의를 해왔다. 이기성 원장(뚱보강사)은 그 교수에게
80명 한 학과에 2인 1대로 개인용컴퓨터를 40대씩 배치하
는 분산처리 시스템을 그림으로 그려주었다.

1994년 겨울에, '전자출판학과'를 만드는데 도와달라
고 모 대학에서 찾아왔다. 알고 보니 3년 전 만났던 그
교수가 총장으로 있는 대학이었다. 대학으로 가니 3년
전 이기성 원장이 그려준 그림을 기본으로 각 학과마다
개인용컴퓨터를 이용한 전용 컴퓨터실을 갖추고 있었
다. 학과별로 특화된 개인용컴퓨터 시스템으로 타 대학

보다 수업능률도 나고 학생들도 학과별 전용 컴퓨터실에서 수업을 하니, 학과별로 자기네에 필요한 소프트웨어를 갖출 수 있어 좋아한다고 했다.

전자출판학과를 신설하는 데 필요한 장비를 신청했다. 당시 교육부에 신청한 학과 명칭은 '커뮤니케이션과' 안에 '전자출판' 전공, '그래픽디자인' 전공, '멀티미디어' 전공이었다. 전자출판과와 멀티미디어과 장비는 IBM PC 호환기종 40대씩, 그래픽디자인과 장비는 매킨토시 40대였고, 공통으로 '아이카메라'와 '타키스토스코프'였다. 그러나 1995년 신학기에 준비된 장비에는 아이카메라와 타키스토스코프가 빠져 있었다. 한글 폰트나 판면디자인 연구를 하려면 독자의 눈동자 움직임을 알아야 하니까 눈동자를 촬영하여 시선의 변화 및 경로를 측정하는 장치인 아이카메라가 반드시 필요하다고 주장하고, 가독성을 판별하려면 타키스토스코프(순간노출기)가 있어야 한다고 열변을 토했지만 대학 총무처에서는 구입 신청을 묵살했다.

이기성 원장이 아이카메라를 만들려고 시도했으나 실패했다. 안경의 반쪽에 거울을 대고 눈동자의 움직임을 촬영하는 소형 카메라를 붙여 보았으나 시선의 방향과 이동경로를 기록하는 것이 보통 일이 아니었다. 타키스토스코프도 자작하려 했으나 역시 실패였다. 교수에게는 실험장비가 무기인 셈인데, 이기성 원장은 장왕사에 재직하던 1988년부터 대학과 대학원에서 강의와 연구를 했지만 무기 없이 연구한 것이 지금도 후회가 된다.

08. 미디어 콘텐츠와 출판과정

종이책이나 전자책은 프린트 미디어이면서 출판 미디어, 방송 미디어, 통신 미디어, 소셜 미디어가 될 수 있다.

판(版)을 출(出)해야 출판이 된다. 내용을 새긴 나무판이나, 금속활자를 조판한 납판(연판)이나, 컴퓨터 글틀(워드프로세서)로 작성한 원고 파일을 책으로 만들어 세상의 독자에게 내보내는 것이 출판이다.

종이책이든 전자책이든 책을 만드는 것만으로 출판이 완료된 것은 아니다. 단지 판(版)이라는 책만 만들어진 것이다. 이 책을 독자가 읽을 수 있는 상태로 갖다 놓아야 출(出)이 된다. 즉 책을 기획, 편집, 제작하는 것까지가 출판이 아니라 마케팅 단계를 반드시 거쳐야 출판이 완성되는 것이다. 책을 인쇄하고 제책하여 창고에 쌓아 놓으면 아직 출판이 완료된 것이 아니고, 책을 서점에 내보내야 출판이 완료되는 것이다.

아이디어나 생각, 사상, 정보를 판으로 만들어 독자가 볼 수 있게 세상으로 출하는 행위를 '판을 출하는' 출판이라 한다. 독자와 시청자가 보거나 들을 수 있는 형태의 판은 나무나 종이에다 만들 수도 있고 전자종이(disk)나 통신망(network)에다 만들 수도 있다.

책을 만드는 출판은 미디어 프로세스, 콘텐츠 프로세스, 콘텐츠 프로바이드라고도 하며, 종이 미디어와 전자 미디어를 사용해 도서, 잡지, 신문, 방송물 등 내용을 담은 저작물을 제작하고 유통시키는 행위이다. 출판의 결과로 만들어지는 책(도서, 잡지)은 독창적인 원고를 바탕으로 하는 창작물이다.

책(단행본, 교과서, 잡지, 신문, 방송)이라는 최종 결과물(최종 매체)은 일반적인 상품에 비해 각 개인의 신체적 편리성보다는 정신적인 면에서 개인의 인생 삶에, 또는 사회 변화나 역사 발전에 엄청난 영향을 미치기도 한다. 옷이나 스마트폰 같은 일반 상품은 보편적으로 대량 생산화가 이루어지지만 책은 크기와 모양이 같더라도 하나하나가 다 새롭고 분리된 생산물인 바, 대량 생산이 어렵고 각각 별개 상품으로 기획, 편집, 제작, 마케팅되는 것이다.

저자의 머릿속에 있는 내용이나 저자의 공책에 적어놓은 내용은 아직 책이 완성되지 않은 상태이다. 이런 내용물을 나무활자나 금속활자나 도자기활자나 컴퓨터활자로 조판해 판을 만들어 인쇄를 하면 종이책이 완성된다. 파일로 만들어 디스크에 담거나 통신망에 올리면 전자책이 된다.

09. 활판인쇄의 추억, 쏘강과 연판

1960년대 장왕사 활판공장에 가면 지형 굽는 냄새가 구수했다. 유독하다는 납 끓는 냄새도 났다. 전통적으로 매주 화요일과 금요일은 삼겹살 먹는 날이었다.

1945년에 창업한 도서출판 장왕사의 초기 명칭이 동지사였다. 장왕사는 1946년 공업신문사에서 사용하던 활판시설을, 1947년에는 안상희 소유의 오프셋인쇄 시설을 인수해 인쇄소를 직접 경영하다가 6·25 남침 때 대구로 피난을 갔다. 대구로 인쇄기들을 옮겨간 인쇄공장에는 컬러 인쇄기가 있어서 종종 정부의 전단지 인쇄시설로 징발당했다.

1953년 8월 정부를 따라서 서울로 돌아오니 서울의 조판 인쇄공장은 폭격으로 없어졌다. 서대문구 평동에다 활판과 오프셋공장을 신축했다. 1956년 1차 교육과정이 전면 개편됐다. 장왕사에서 만든 56종의 교과서가 검인정교과서에 합격했다. 검인정교과서 합격 출판사는 모두 61개였고 총 827종의 교과서였다. 교과서 1종에 평균 10만 부가 나간다고 봤을 때 일반 단행본이 1종에

1만 부 정도 팔리는 것과 비교하면 교과서 56종이 문교부 검정에 합격한다는 것은 단행본 560종을 출판하여 올리는 매출과 같다는 의미이다.

장왕사 활판공장의 최장수 대표는 도서출판 요산문화사 대표를, 오프셋공장의 신정식 대표는 신정사 대표를, 장왕사의 정종화 편집국장은 고려서적 대표를 지내고 동주인쇄사를 운영 중이다.

납활자 시대는 문선/정판부에서 납활자를 한 자 한 자 골라내서 게라에 담아서 조판사에게 가져다주면 단어 사이에 띄어쓰기 공목을 넣고 줄 사이에 인테루(레드)를 넣어 행간을 만들고 쉼표, 마침표, 따옴표를 넣어 문장을 만들어 한 페이지씩 판을 짜낸다. 하루 종일 20페이지를 짰다면 이를 한 페이지씩 실로 테두리를 묶고서 등사기로 인쇄해서 교정용 꼭지를 만들어 준다.

편집에서는 이걸 가져다가 초교, 재교를 보고 수정이 끝나 OK가 되면 지형부로 넘어간다. 삽화가 들어갈 자리에다 볼록판을 얹고 잉크를 닦아내고, 신문지 같은 종이를 여러 겹 올려놓고 열과 압력을 가해 지형을 만든다. 지형에다 끓는 납을 부어 연판을 만들고 활판인쇄기에 올려 인쇄를 한다. 주조부에서는 벤톤 자모 조각과 주조기에 납물을 부어 새 활자를 만드는 일을 한다.

인쇄가 끝난 조판된 페이지들은 해판이 되어 잉크를 닦아내고 끓는 납속에 들어가 녹는다.

재판을 찍으려면 출판사에서 지형을 갖다 주면 연판을

만들어 인쇄를 한다. 그런데 몇 자를 수정해야 한다면 어쩌나? 다시 조판을 할 수도 없고. 이때는 상감(쏘강)을 한다. 연판에서 틀린 글자를 드릴로 뚫어서 빼내고 맞는 납활자를 그 자리에 박고 납땜을 한다. 연판은 두께가 활자 길이보다 작으니까 납활자의 나머지 긴 부분은 톱질로 잘라낸다. 이걸로 인쇄하면 수정이 완료된 책이 인쇄된다. 그런데 다음 해에 또 인쇄를 한다면? 그래서 이번에 고쳐진 연판으로 다시 지형을 뜬다. 이게 연판지형이다.

종로2가에 있던 장왕사에서 근처 을지로로 나가면 매년 10만 부가 넘게 나가던 중학 가정 1·2·3의 아트지 중간속표지(단원도비라)와 교과서 표지를 인쇄하던 신정사가 있었고, 근처에는 10포인트 활자가 있어서 장왕사 단행본을 조판하던 유풍인쇄가 있었다.

종로에 나가면 안국동 쪽으로 을유문화사와 평화당인쇄사가 있었다. 평화당인쇄사 역시 10포인트 활자를 구비하고 있었다. 평화당의 동판인쇄용 하이델베르기 인쇄기는 성능 좋기로 유명했으므로 장왕사 교과서의 원색 그림(구찌회)을 인쇄했다.

을지로에는 활판인쇄에서 빼놓을 수 없는 경사장의 돗판공장(볼록판집)이 있었다. 활판 조판이 끝나려면 반드시 삽화를 촬영한 돗판이 있어야 하므로 여기서 대기하는 날이 많다. 당시는 카바이트를 태워 '퍽' 하고 빛을 주던 시절이었다. 사진 찍을 때는 1~2초만 '퍽' 하지만 돗판

은 30초씩 '퍽' 하고 빛을 내뿜으며 카본막대가 타들어가
니 눈이 아프다.

광화문 네거리 국제극장(지금은 없어짐) 뒷골목으로
가면 법문사 출판사와 활판인쇄소가 있었다. 서대문 이
화여고 옆 신일인쇄사나 법문사나 만리동 광명인쇄나 같
은 납활자 5호 자모를 사용했다. 경복궁 옆 적선동으로
가면 민중서관이 있었다. 민중서관은 출판사와 인쇄소
가 같은 자리에 있었다. 경기고등학교 신문 〈주간경기〉
를 조판하고 인쇄하던 곳이다. 고등학교 신문반 때 매달
와서 교정을 보던 곳이 민중서관이다.

서대문 충정로 미동국민학교 옆에 동신인쇄사라는
대형 활판인쇄소가 있었다. 장왕사의 가정 1·2·3, 사회
1·2·3의 6권은 항상 10만 부 이상 팔렸으므로 10만 부를
인쇄하려면 연판으로는 안 된다. 5만 부 이상 인쇄하려
면 반드시 구리로 연판을 도금하고 인쇄해야 한다. 동신
인쇄사는 구리도금(동메끼) 시설을 갖추고 있어서 대량
활판 인쇄에 적합했다.

10. 오프셋의 추억, 징크판과 마판

활판에서 쏘강과 연판지형이란 단어는 추억을 부르는 친구
이름과 같다. 오프셋에서는 징크판과 마판이 그렇다.

1970년대만 해도 서대문은 땅값이 올라 대나무 빗으
로 종이를 접는 접지는 연신내(지금의 명지대 부근)에서
32P 접지와 50P 국판 교과서 접지를 많이 했다.

서대문 충정로에 있던 동신인쇄사 근처에 신우제책소
와 한양제책소가 있어 인쇄 후 바로 접지와 정합(조아
이)이 가능했다. 지금은 이사를 갔지만 동아출판사와 사
조사도 서대문에 있었다.

국판 크기 교과서를 국전지에다 인쇄하면 32P 터잡기
가 나오지만 사륙전지에다 인쇄하면 3으로 잘라 50P 터
잡기가 가능하여 한 권당 10만 부씩 인쇄하는 장왕사 교
과서의 경우에는 용지값이 매우 절약되었다.

1980년대만 하더라도 충무로 인쇄골목에 가면 "따르
릉 따르릉 비키세요" 소리가 나면서 자전거가 지나간
다. 자전거 뒤에 커다란 철판이 둥글게 말려 있다. 철판

에 스치면 손을 베거나 옷이 찢어지기 쉽다. 한 번 사용한 징크판을 마판 시설을 갖춘 공장에 가서 표면을 곱게 연마하여 재사용할 수 있도록 다시 가져다주는 자전거의 따르릉 소리였다. 오프셋 인쇄를 하기 위한 인쇄판을 아연(zinc)으로 만들었으므로 징크판이라 부른다.

판굽기는 징크판에 약물을 발라 터잡기된 필름을 대고 강한 빛으로 빛쬐기를 하고 현상 인화하는 표면처리 작업이다. 한 번 사용한 징크판에 모래나 유리알 알갱이를 올려놓고 흔들어서 인화된 글자를 징크판 표면에서 갈아내고 평평하게 해주는 작업을 마판이라 한다.

마판을 해주는 기계에는 굵은 모래와 작은 유리알부터 눈깔사탕만한 크기의 유리공이 많이 들어 있는데, 스위치를 넣으면 징크판을 전후좌우로 흔들어주고 위에서는 물이 계속 보충된다. 초등학생 때 장왕사 오프셋공장에 놀러 가면 커다란 유리공을 몰래 갖고 나왔는데, 보통 1cm 지름의 구슬치기용 유리구슬보다 몇 배나 큰 왕구슬이니까 동네에서 최고 인기였다.

2000년도부터는 징크판(아연판)보다는 값비싼 고급 알루미늄판을 더 많이 사용하게 되었지만, 징크판은 튼튼해서 판굽기(야끼) 작업을 여러 번 재사용할 수 있다.

11. 한글 컴퓨터 통신과 출판

1989년 7월, 호주 시드니와 서울 사이의 한글 컴퓨터 통신이 최초로 성공함으로써, 제4통신인 한글 컴퓨터 통신의 서막이 올랐다. 이것이 곧, 한국에서도 화면책 출판이 가능하다는 것을 보여준 것이다.

이기성 원장은 1988년 서울올림픽 때 프레스룸에서 조용하게 일하는 외국 기자들을 보고 쇼크를 받았다. 한국 기자들이 있는 방은 전화로 원고를 불러주고 팩스를 보내느라고 무지 시끄러웠기 때문이다. 이 원장은 올림픽이 끝나자마자 즉시 미국에 가서 SPARK 랩톱컴퓨터를 사왔고, 랩톱의 한글 폰트는 전영욱 씨가, 통신 프로그램은 묵현상 씨가 개발했다. 테스트로 새마을호를 타고 동대구로 가서 공중전화선에 연결하여 서울과 1만 1,172자 교신에 성공했다. 1989년 7월에는 호주 시드니에서 서울 용산 데이콤의 유경희 위원과 1만 1,172자 통신에도 성공했다. 호주 시드니에서는 마침 호주에 출장 온 한국전자출판연구회 2대 회장인 평화출판사 허창성 사장이 입회했다. 호주에서 귀국하는 중에 홍콩에서도 랩톱으로 한글 1만 1,172자 통신에 성공했다.

이 성과는 당시 언론 기사에서도 확인할 수 있다. "제 4통신 길 열었다, 컴퓨터 교신 한글시대 신호탄"이라는 제목으로 〈일간스포츠〉(1989년 7월 27일자)에, "한국~ 호주 국제전화선 이용 사상 최초 성공"이라는 제목으로 〈주간부산〉(1989년 8월 13일자)에 소개되었다.

12. 더 발전하는 전자출판의 미래

앞으로도 출판은 디지털 세상에서 아날로그 감성과 인간의 본성을 깨우치는 소중한 존재가 될 수 있도록 한글 폰트와 전자출판에 대한 연구가 지속적으로 이어져야 한다.

출판계에서 규모가 큰 대한출판문화협회와 출판인회의를 비롯한 약 20개에 달하는 출판 관련 단체들이 대립하지 말고 선진화된 출판정책을 수립하는 데 힘을 모아야 한다. 그러면 한국출판문화산업진흥원이 출판정책 집행의 컨트롤타워로서 제 역할을 다할 수 있을 것이다. 출판진흥원과 출판 관련 단체들이 협력을 강화하면 현재 중복 수행하고 있는 사업(도서전, 해외출판교류, 출판교육, 독서교육 등)을 통합하여 출판업계와 출판학계가 상생 발전할 수 있을 것이다.

독서인구의 감소 등 출판 현실을 정확하게 파악하고 실천 가능한 대안이 필요하다. 특정 출판단체의 의견에만 얽매이지 않고, 출판 관련 매출 실적이 있는 7,436개 사업체(출판사 3,933개, 출판유통사 3,039개, 전자책출판사 464개. 2014 출판산업 실태조사. 한국출판문화산업진흥원)와 여기에 종사하는 출판인들 모두가 출판진흥에 대한 다양한 의견과 지혜를 모아야 한다.

출판과 관련성이 높은 직업군이나 단체가 서로 협력을 강화해야 한다. 집필자, 작가, 출판기획자, 출판편집자, 출판마케터, 출판디자이너, 출판경영자, 서점 담당자들이 긴밀하게 소통하고 협력한다면 정부에 요구하는 전자출판 정책들이 힘을 얻게 될 것이다.

모든 제도와 정책의 변화에는 항상 예산 확보가 걸림돌이다. 우리나라 출판산업이 더욱 발전하려면 국회와 긴밀한 협력관계를 구축해 출판기금 조성 등 출판 진흥을 위한 예산 증액을 위한 노력이 필요하다. 출판아카데미 설립, 출판박물관 건립, 출판사의 양서 발간 비용 지원 등의 근원적이고 본질적인 출판진흥사업을 추진할 수 있도록 출판진흥기금이 꼭 필요하다.

독서 장려 및 어릴 때부터 독서습관 교육이 필요하다. 출판 진흥은 결국 우수한 출판 인재에 달려 있으므로, 출판문화산업을 견인할 수 있는 출판 전문가 양성 프로그램을 다양하게 운영해야 한다. 제4차 산업혁명 시대를 맞이해 출판환경의 급격한 변화가 예견되므로 향후 10년 뒤 출판의 생존방법을 모색할 수 있는 프로젝트를 가동해야 하는데, 그 첫 번째가 우수 인재 양성 프로젝트의 시작이다. 초등학교와 중등학교에 출판인들이 직접 찾아가서 출판교육을 실시하고, 학생들의 출판의욕을 증진시키는 것도 좋은 방법이다. 도서 선정과 보급을 위해 도서를 구입하는 직접 지원 방법보다는 이 예산으로 출판교육과 독서교육을 실시해야 한다.

전자출판 분야에 대한 대책으로는 OSMP(One Source Multi Product)에서 OSMU(One Source Multi Use)로 발전시켜야 한다는 것이다. 구름책 출판 시대에 적응해 생존하려면, 종이책만 책이라는 관념에서 빨리 벗어나서, 한 가지 원고 소스로 종이책 프로덕트와 디스크책 프로덕트, 화면책 프로덕트를 기획할 능력(OSMP 출판 능력)과 출판을 원천 콘텐츠로 하여 다양한 문화상품을 개발함으로써 부가적인 수익을 창출할 수 있는 능력(OSMU 출판 능력)을 갖춰야 한다.

빅데이터, 사물인터넷, 디지털 산업 시대에 걸맞게 전자출판 전반에 대한 인프라 구축이 필요하다. 인프라 첫째는 한글 전자책 표준 포맷 연구(DRM 포함)이다. 둘째는 전자책 리더 개발과 출판용 에디터 개발이다. 셋째는 전자책 편집의 기본 활자인 BMP 폰트 세트 개발이다.

제2부

·
·
·

출판과 문화

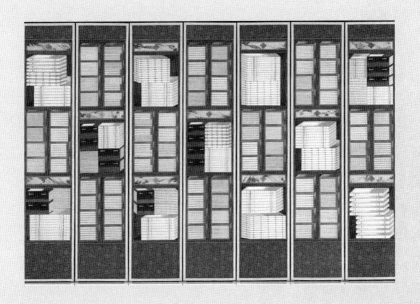

13. 출판을 알면 리터러시가 보인다

출판이 발전하고 민주주의가 발전하면서 독재자가 거짓말해서 펴내는 책 내용에 국민들이 속지 말자고 해서 만든 학문이 '미디어 리터러시'이다.

 사람들은 책의 내용을 믿는다. 만약 나쁜 사람들이 거짓말을 책에 써놓으면 그걸 본 사람들은 거짓말을 사실로 믿게 된다. 책을 읽을 적에 이 책의 내용이 진짜냐 가짜냐 진짜 뜻이 뭐냐, 이 책을 만든 사람이 국민을 속이려고 만든 것인지 진실을 쓴 것인지 제대로 알아야 한다. 도서, 잡지, 신문, 방송도 사실을 얘기하느냐 가짜를 얘기하느냐를 판단해야 한다.

 예전에는 한자를 많이 사용하다보니 한자 해독자가 많지 않아서 책을 쓰는 사람이 거짓말을 쓰면 독자들이 잘 몰랐다. 요즘은 한글로 쓰고 더군다나 종이매체에서 전자매체로 발전하면서 모든 사람들이 책을 보게 되었다. 종이책이든 전자책이든 거짓말을 쓰면 알아보는 독자들이 많아졌다.

 미디어 리터러시는 사람을 돕는 도구이다. 정치 지도

자나 정당에서 행하는 허위 과장된 선전의 본질을 파악해야 한다. 가령 국가 간에 500억 달러 양해각서 체결한 것을 언론에 500억 달러 수출로 기사를 쓰는 것은 독자들을 기만하는 행위이다. 미디어 리터러시 교육을 받으면 편견이나 편향성이 깃들어 있는 뉴스 기사의 행간에 숨어 있는 진실을 파악할 수 있다.

미디어 리터러시는 미디어의 내용을 보고 끝나는 것이 아니라 그 내용이 옳다 그르다는 자신의 의견을 갖고 올바르게 판단하도록 가르치는 것이다. 이것은 글을 읽고 쓸 줄 아는 능력의 확장된 개념으로 볼 수 있다.

예전에는 자서전 내용을 믿을 만했지만 요즘은 거짓말이 많다. 그래서 요새 '타서전'이 등장했다. 그 사람의 자서전을 믿지 못하겠으니 다른 사람이 다시 쓰는 것이다. 자서전보다 타서전에 실제 내용이 많은 셈이다.

미디어 리터러시의 역사는 인류가 생각이나 말을 기록으로 남기는 행위로부터 시작되었다. 그림이나 기호 상태를 거쳐서 문자가 완성되면서 미디어 리터러시의 역사가 정식으로 시작된다. 문자(글자, 문장) 미디어의 발전에 추가하여 다음 단계는 영상(이미지)의 기록과 재생이 가능한 방법인 영사기(사진기)의 발명이다. 소리(음성, 음악)를 사용한 라디오 방송, 영상과 소리를 이용한 TV의 발명 단계를 거쳐서 인류는 디지털 시대로 들어선다. 디지털 시대는 컴퓨터로 대표되는데, 특히 1970년대 개인용컴퓨터가 발명되고부터 인류 문명과 인류 문화에 획기적인 발전과 변화를 가져온다.

지식층만 문자 해독이 가능했던 아날로그 시대에는 리터러시 교육이 필요하지 않았다. 그러나 컴퓨터, 네트워크, 인터넷, ebook, SNS 등이 출현하면서 일반 대중도 미디어를 이해하고 사용하는 방법을 알아야 하는 시대가 되었다. 교육계에서도 인간들이 의사소통의 수단으로 사용하는 매체에 관한 교육을 통틀어 미디어 리터러시 교육이라 부르게 되었다. 디지털 시대에는 문자를 읽고 쓰는 능력에 더해서 책의 내용(문장)을 이해하고 비판하고 재구성하는 미디어 리터러시 능력이 추가로 필요하게 되었다.

우리나라도 1980년대에 컴퓨터로 많은 자료를 정보화하여 사용하는 정보통신 시대로 발전한다. 개인용컴퓨터 사용법, 워드프로세서 사용법, 인터넷 사용법, 스마트폰 사용법을 공부해야 시대에 뒤떨어지지 않게 되었다. 이에 따라 컴퓨터 리터러시, 통신 리터러시, 인터넷 리터러시, ebook 리터러시 등 국민의 삶을 위한 미디어 리터러시 교육의 필요성이 대두되었다.

미디어 리터러시의 능력은 출판의 능력이다. 왜냐하면 미디어 리터러시는 미디어의 내용을 정확히 이해하고 평가할 수 있으며 자기 자신이 재활용하는 능력을 갖추는 것이기 때문이다. 오늘날 미디어가 너무나 많아져서 어디에나 미디어가 있지만 어느 미디어가 좋은지 나쁜지 알 수가 없다. 미디어에 대처하는 방법을 제대로 알고 실천해야 한다.

14. 콘텐츠 프로바이더와 프로세스

정보사회에서는 뛰어난 출판디자이너가 되려면 콘텐츠 프로바이더인 출판도 잘하면서, 콘텐츠 프로세스인 디자인도 잘해야 한다.

출판디자인은 출판물에 예술성을 부여하여 상품 가치를 높여주는 고급 문화산업이다. 출판디자인(Publication Design)은 편집디자인(Editorial Design)과 달리 출판의 4단계인 기획, 편집, 제작, 마케팅의 4단계를 총괄한다.

출판디자인은 첫째, 출판물의 기능성(효용성)을 중시하고, 둘째, 출판물의 심미성을 중시하고, 셋째, 출력 매체의 경제성을 중시한다. 이는 '필립 스타크'가 주장하는 심미성, 경제성, 실용성과도 상통한다. 특히 출력 매체의 재료가 종이에서 디스크, 통신망으로 다양화되고 있는 시점에서 능력 있는 출판디자이너의 배출이 우리나라의 출판계와 인쇄계에 꼭 필요한 일이다.

출판디자인의 3요소는 독창성, 실용성, 아름다움이다. 일반적으로 지적디자인에서 독창성과 실용성을 담당하고 미적디자인에서 아름다움을 담당한다. 독창성과 실용성보다 미려도를 우선으로 생각하거나 미려도만 생각하여 디자인하는 사람은 출판디자이너로서 자질이 부족한 사람이다.

먼저 책을 만들고 그 책을 아름답게 꾸미는 것이 출판디자인인데, 아름답게 꾸미고자 책의 본질인 본문 내용을 훼손하는 사람이라면, 이런 사람은 이미 출판디자이너의 자격을 상실한 것이다. 출판디자이너나 출판인은 외국의 유행(경향, 트렌드)을 흉내 내기보다는 자기네 문화에 바탕을 두고 책을 만들어야 한다.

한국 출판인은 한국 독자를 위하는 정신으로, 미국 출판인은 미국 독자를 위하는 정신으로, 일본 출판인은 일본 독자를 사랑하는 마음으로 책을 만들어야 한다. 각 나라의 독자는 각기 해독하는 문자(한글, 영어, 일본글)가 다르고, 고유문화가 다르기 때문이다.

정보사회에서는 출판 산업을 콘텐츠 산업이라 한다. 처음에는 콘텐츠 프로바이더라고 하더니, 요새는 아예 콘텐츠 산업이라 하여 콘텐츠 프로바이더는 물론이고 콘텐츠 프로세서도 겸하라고 요구하고 있다. 그러나 엄밀히 구별한다면 출판은 '콘텐츠 프로바이더'이고 디자인은 '콘텐츠 프로세스'가 된다. 이 두 가지를 다 취급하는 출판디자이너야말로 정보사회의 능력 있는 출판인이 되는 것이다.

15. 지적재산권에 대한 올바른 이해

저작권에 대해 유럽 쪽에서는 정보나 지식을 알려면 돈을 내야 한다는 문화(copyright)가 우세하고, 아시아나 아프리카 쪽은 정보나 지식은 공짜라고 생각하는 문화(copyleft)가 우세하다.

카피라이트 문화는 저작권(창작물을 만든 사람이 자기가 만든 창작물에 대해 가지는 권리)을 법적으로 인정하는 문화이고, 카피레프트 문화는 카피라이트의 반대 개념으로 지적 창작물(저작물)에 대한 권리를 모든 사람이 공짜로 공유할 수 있다고 생각하는 문화이다.

이집트 왕이 살던 궁전의 벽에는 새로운 정보나 새로운 지식이 새겨져 있다. 정보를 무료로 국민 모두에게 공개하는 문화이다. 한국도 무엇을 물어보면 공짜로 답을 알려주는 문화이다. 어떤 질문을 했을 때 돈을 내야 알려주는 문화가 아니다. 그러나 자본주의가 채택되고 지식도 재산이라는 개념이 도입되면서 법에도 '지적재산권'이라는 개념이 도입되었다. 지적재산권은 산업재산권과 저작권, 첨단산업재산권, 정보재산권 등으로 구분한다. 지식이나 정보가 공짜라고 알아온 문화에서는 '인간의 사상 또는 감정을 표현한 창작물의 저작자 혹은 그 승계인의 권리는 저작권법에 의해 법적으로 보호된다'는 저작권 개념을 받아들이기 힘들므로 저작권 소유자 처지에서는 법으로 자기의 권리를 지킬 수밖에 없다.

1980년대 중반, 개인용컴퓨터 프로그램인 '로터스 소프트웨어'나 '디베이스 소프트웨어'를 30만 원씩이나 주고 구입해 사용해야 한다는 것을 사회 통념상 이해할 수 없었다. 대부분의 사람들은 소프트웨어가 저장된 디스켓(플로피디스크) 한 장 값인 5천 원에 디스켓 복사비 5천 원을 합해 1만 원 정도면 적당하다고 생각했다. 눈에 보이고 만질 수 있는 프린터나 컴퓨터를 20만 원, 50만 원을 내고 구입하는 것은 당연시하면서도 달랑 디스켓 한 장(소프트웨어가 저장된)에 30만 원은 아주 비싸고 불합리하다고 생각하는 것이다. 그 소프트웨어 프로그램을 기획하고 작성하는 데 들어가는 몇 달간의 시간과 노력과 인건비는 연상이 되지 않는 것이다. 2천만 원짜리 자동차에 시동키가 꽂혀 있다고 돈을 내지 않고 자동차를 가져가는 것이 절도 행위라는 것은 누구나 잘 안다. 그러나 소프트웨어 개발에 1억 원이 들어간 프로그램을 무료로 복사하거나 인터넷으로 다운받아서 사용하는 것이 절도 행위라는 것은 도무지 이해하려 들지 않는다. 수천 년 내려온 전통과 문화를 법조문 몇 줄로 단시간에 국민의 머릿속 생각을 바꾼다는 것은 굉장히 어려운 일이다. 개발에 수억 원 이상이 들어가는 소프트웨어를 무상으로 복제해 사용하는 행위는 자동차나 손전화를 무상으로 집어가서 사용하는 것과 똑같은 절도 행위인 것이다.

유럽인은 문화가 고급이라 돈을 주고 소프트웨어를 구입하고 아시아인은 미개인 문화라 돈을 안 내고 사용하는 불법 행위를 저지르는 것이 아니다. 유럽인이나 미국인이 문화가 높은 민족이라서 소프트웨어 불법 사용자가 적은 것이 아니라 정부가 저작권에 대해 잘 알리고, 불법 복제하면 구속시키고 벌금 물린다고 교육시켰기 때문이다.

인간은 누구나 본성적으로 공짜를 좋아한다. 문화인이라 불법으로 소프트웨어를 사용하지 않는다고 자랑했던 미국에서 1년 만에 10만 명 이상이 불법으로 복제를 하고 그 디스켓을 사용했기 때문에, 1988년에 미국에서 10만 대 이상의 개인용컴퓨터가 브레인 바이러스에 감염되었다는 통계가 나왔다. 이 사실은 미국인이 문화인이라 불법으로 소프트웨어를 사용하지 않았던 것이 아니고, 불법 복제를 할 줄 몰랐거나, 단속에 걸릴까 봐서, 벌금이 무서워서 불법 소프트웨어를 사용하지 않았을 뿐이라고 보아야 할 것이다.

정부는 국민에게 저작권에 대해 자세히 알리고, 교육을 하여 '형태가 안 보이는 소프트웨어도 반드시 돈을 내고 구입해서 사용하는 것'이라는 계몽을 해야 한다.

16. 세계저작권조약과 베른조약

세계저작권조약(UCC)이나 베른조약에 가입한 국가는 유럽에 있거나 아시아에 있거나 상관없이 인간의 사상 또는 감정을 표현한 창작물의 저작자 혹은 그 승계인의 권리는 저작권법에 의해 법적으로 보호된다.

저작권은 16세기 영국에서 출판권자들을 보호하기 위해 만들어졌고, 19세기 국제문예협회 주도로 체결된 베른협약으로 구체화됐다. 저작권법은 저작권이 형성된 모든 저작물을 저작권자의 허락 없이는 사용하지 못하도록 만든 법이다. 단지 공표된 저작물을 영리를 목적으로 하지 않고 개인적으로 이용하거나, 이에 준하는 한정된 범위 안에서 이용하는 경우에는 저작물을 복제하고 또 사용할 수 있도록 하고 있다.

춘천에서 열린 출판저작권 세미나에서 참석자 대부분이 미국이 강력하게 권하는 베른조약에 가입하자고 했지만, 이중한 서울신문사 논설위원과 이기성 원장은 이를 적극적으로 반대하고, 그 대신에 세계저작권조약(Universal Copyright Convention; UCC)에 가입을 해야 우리나라에 유리하다고 목청을 높여 주장했다. 다행히

신현웅 문화체육부 국장을 위시한 저작권과의 적극적인 지지로 1987년 10월에 UCC에 가입하게 되었다.

UCC와 베른조약의 다른 점은 조약 가입 이전부터 소급해서 외국의 저작물을 보호하는 것과 가입 이후부터 외국의 저작물을 보호한다는 것이었다.

UCC는 '저작권 보호를 위한 국제조약'을 말한다. 국제연합 유네스코 소관으로 이 조약의 특징은 저작권의 보호를 위해서 무방식주의를 취한 베른조약 동맹국과 저작권의 보호요건으로서 등록·납본 등의 일정한 방식을 요구하기 때문에 베른조약에 가맹할 수 없는 나라를 연결하는 가교적 조약이라는 점이다. 무방식주의국의 저작물이 방식주의국에서 보호를 받기 위해서는 방식주의국에서 정한 소정의 요건을 구비하지 않으면 안 되는데, 이 조약은 모든 복제물에 ⓒ표시를 함으로써 방식주의국에서 보호를 받을 수 있는 제도를 채용하고 있다. ⓒ표시는 'ⓒ기호(copyright의 머리글자), 저작권을 갖는 사람의 이름, 최초의 발행연도'의 3요소로 구성된다. 이 밖의 특징으로 '저작권의 보호에 자기네 나라 국민을 우대하는 원칙을 채용하는 점', '이 조약과 베른조약 양쪽에 가맹되어 있는 나라 상호간에 대해서는 베른조약이 우선적으로 적용된다는 점' 등이 있다.

베른조약(Berne Convention)은 1886년 스위스의 수도 베른에서 저작권을 국제적으로 서로 보호할 것을 목적으로 체결된 조약으로 정식 이름은 '문학 및 미술 저작물

보호에 관한 국제협정'이고, 만국저작권보호동맹조약이라고도 한다. 이 조약은 대개 약 20년마다 규정을 개정하고 있다. 세계무역기구(WTO) 협정이 발효되면 당연히 베른조약에 가입해야만 하므로, 한국은 WTO 협정이 1995년 7월부터 발효됨에 따라 1996년에 가입했다.

베른조약은 무방식주의, 속지주의, 내국민 대우, 보호기간의 상호주의를 채택하고 있다. 첫째, 무방식주의(無方式主義)란 '저작물의 완성으로써 저작권이 발생하는 것으로 하고, 등록 등을 필요로 하지 않는다'는 방식이다. 둘째, 속지주의(屬地主義)란 '가맹국은 서로 다른 가맹국 내에서 공표된 저작물은 물론이고, 아직 공표되지 않은 것이라도 서로 보호할 것이며, 설사 가맹국 국민의 저작물이라도 가맹국 이외의 장소에서 최초로 발표된 것은 보호를 받지 못한다'는 것이다. 셋째, 내국민 대우란 '보호를 필요로 하는 외국인의 저작물에 대해서도, 그 국가가 자국민(自國民) 저작물에 대해 부여하고 있는 것과 같은 보호를 해야 한다'는 것이다. 넷째, 보호기간의 상호주의란 '상대국의 보호기간이 자기 나라의 기간보다 짧을 경우에는 짧은 쪽의 기간만큼만 보호하면 된다'는 것이다. 보호기간은 사후기산주의(死後起算主義)로 되어 있으며, 저작자가 살아 있는 동안과 '저작권자 사후 70년'이다.

17. 불법 복제판 오토캐드 사건

풍습이나 문화를 바꾸는 데에는 시간이 오래 걸린다. 지적 소유권이나 저작권 개념을 빨리 익히게 하는 데는 교육과 광고 이외에 처벌이라는 강한 처방이 필요하다.

불법 복제를 한 사람을 구속하거나 벌금을 많이 물리면 저작권을 인식하는 데 걸리는 시간을 절약할 수 있다. 우리나라는 정부가 저작권에 대한 교육과 홍보를 좀더 열심히 꾸준하게 했어야 했다.

우리나라가 저작권 보호를 위한 국제조약에 가입하자마자 기다리고 있던 외국계 소프트웨어 회사들이 국내 기업에 대해 대대적인 소송과 고발을 시작했다. 대표적인 사건이 2007년의 '퀵 익스프레스 단속 사건'과 2010년경에 벌어진 '오토캐드 내용증명 사건'이다. 일반 소프트웨어보다는 출판편집용 '퀵 익스프레스' 프로그램과 설계디자인용 '오토캐드' 프로그램이 상대적으로 가격이 높다보니 불법 복제판을 사용하는 경우가 많아서 표적이 되었던 것 같다.

2010년부터 2012년까지 한국 소프트웨어 시장에 '오토캐드 파동'이 몰아쳤다. 2012년 3월에 인터넷에 올라온 질문과 답변을 보면서 오토캐드 불법 복제판 문제에 대해 생각해 보자.

[질문]

토목 엔지니어링 사무실인데, 1주일 전에 오토캐드 고문 변호사라면서 오토캐드 불법 복사본을 사용하는 걸 안다는 취지로 오토캐드 정품 보유 수량을 묻는 내용증명 공문을 받았어요. 부서장님 보여드렸는데 확인해 보라는데 뭘 어떻게 확인해야 할지 몰라서요. 당연히 정품 구입해야 하지만 당장 구입할 형편이 안 되어서 어찌할지 모르겠습니다. 내용증명에는 답변서를 작성해 제출하라고 하는데, 이미 하루가 지나버렸어요.

1. 만약 내용증명에 답변하지 않으면 불법 복제 캐드를 사용한 것을 인정하는 꼴이 되나요?

2. 'AutoCAD 정품 2012'를 요즘 보통 얼마에 구입할 수가 있나요?

3. 저희 회사는 자체적으로 만든 리습을 많이 사용하는데 오토캐드 엘티(AutoCAD LT)는 리습도 안 되어서 불편하기도 하고, 그래서 풀 버전을 사용해야 할 것 같은데, 특별히 뾰족한 방법이 없습니다. 박스 오픈이 안 된 옛날 버전을 찾아 구입한다면 문제가 되나요?

4. 내용증명에 답변을 안 하면 직접 찾아올 수도 있다고 하던데 친구 회사의 AutoCAD를 잠시 빌려 와서 보여주면 괜찮을까요?

[답변]

저희 회사에서도 2년 전에 위와 같은 일이 있었습니다.

1. 내용증명을 받았으면 '가급적 빨리 소명하시는 방법'과 '아예 묵묵부답으로 일관하는 방법'이 있습니다.

1) 답장을 한다면 '우리 회사는 불법 복제본을 사용하지 않는다' 등으로 보내고. 내용증명에 보면 구체적으로 어떤 버전을 사용하는지 기재하라는 식의 내용이 있었던 걸로 기억하는데 저희 회사는 정품 오토캐드2008 xx개, 정품캐디안 2008 xx개를 사용한다고 답변했습니다. 혹시 만약 정품이 아예 없다면 '우리는 AutoCAD를 사용하지 않습니다'라고 답하는 것도 방법입니다.

2) 답장을 하지 않을 경우, 접수한 내용증명을 무시하는 겁니다. 일방적으로 받은 것이니, 답을 하지 않고 그 대신에 철저히 대책을 강구하는 경우도 가능합니다. 연락이 당연히 올 텐데, 그때에 '우리는 오토캐드 사용 안 합니다'라고 하면 됩니다. 물론 깨끗하게 제거(시스템 '로우포맷'이나 하드 교체)하고 오토캐드를 구입하거나 다른 캐드(예 : 캐디안 같은 우리나라 캐드)를 준비해야겠지요.

2. 오토캐드 가격은 제가 총무부에 물어보니깐 저희는 2008 구매 당시 개당 430만 원인가 주었고, 1년 단위로 무상 업그레이드되는 서브스크립션에 가입돼 있다고 하더군요. 1년 서브스크립션은 매년 갱신비가 카피당 65만 원 정도 한다고 들었습니다.

3. 저희도 엘티가 금액이 저렴한 건 알지만, 리습이나 익스프레스 등의 기능이 안 된다고 해서 공무부 쪽에 2개만 사용합니다. 제대로 쓰려면 풀버전으로 구매해야 좋습니다. 그리고 구버전은 이미 등록된 걸 건데, 사용하면 이 역시 불법일 겁니다.

4. 아마 단속하러 오는 사람들은 소프트웨어를 잘 아는 사람일 텐데 상식적으로 볼 때 위험한 듯합니다. 저희 회사에 예전에 단속반이 왔을 당시 무슨 USB 메모리를 꽂아서 프로그램을 돌리면 싹 목록이 정리되어서 버전, 일련번호, 사용 날짜 등이 모두 나온다고 하더군요. 그 목록을 출력해서 서명하라고 한답니다. 서명하면 인정하는 게 되니까, 사무실로 찾아올 경우에는 바쁘다고 하면서 최대한 미루고, 다른 한편으로는 정품을 미리 준비해 놓는 게 상책일 겁니다.

18. 불법 복제와 바이러스 프로그램

개인용컴퓨터가 보급되자 저작물 불법 복제 사건이 벌어진
다. 그 원조는 1986년에 파키스탄에서 발명된 소프트웨어
인 파키스타니 바이러스 프로그램이다.

파키스타니 바이러스는 개인용컴퓨터(PC)의 기본 메
모리를 7KB 감소시키는 바이러스 프로그램의 이름으로
브레인 바이러스(Brain virus)라고 많이 알려져 있다. 당
시 파키스탄에서는 1년에 두 번, 봄/가을에 프로그램 불
법 복제 일제 단속을 했다. 미국의 저작권 단속 요청에
의해 마지못해 불법 복제업자를 몇 명씩 구속시키는 것
이다. 그 동네 전자상가 구멍가게 수백 개를 전부 구속
할 수 없으니 순서를 정해 단속 때마다 몇 명씩 감옥에
보내기로 상가와 단속반이 내정해 두었다.
　정부가 단속을 안 하면 미국 측의 공개적인 압력이 들
어온다. 소프트웨어 프로그램을 돈 주고 사지 않고 불법
으로 디스켓을 복사해 공짜로 사용하는 민족은 문화가 미
개한 민족이란다. 미국인은 원래 문화가 높은 민족이라
소프트웨어를 반드시 돈을 지불하고 사용한다는 것이다.

1980년대 중반에는 애플 컴퓨터용 비지칼크(visi-calc), 아이비엠 피씨용 디베이스(dBASE), 로터스(LOTUS) 같은 소프트웨어가 유명 상품이었다.

파키스탄 전자상가 내에서 20대 중반의 형제가 조그만 구멍가게를 하고 있었는데, 주로 팔리는 것은 비지칼크 소프트웨어가 담긴 5.25인치 디스켓과 디베이스나 로터스 소프트웨어가 담긴 5.25인치 디스켓이었다. 그런데 이상하게도 파키스탄에서 1년간 근무하고 귀국하는 미군들은 원본 소프트웨어를 사는 것이 아니라 불법적으로 복사된 비지칼크나 디베이스, 로터스 디스켓을 수백 장씩 구입했다. 형제는 장사가 잘 되어 좋긴 하지만 이해가 가질 않았다. 몰래 이야기를 들어보니 3가지 소프트웨어를 100개씩 구입하면 300만 원인데 미국에 돌아가서 이걸 10만 원씩에 팔면 3,000만 원이 들어오니까 2,700만 원씩 돈을 번다는 것이다.

몇 달 뒤에 감옥에 갇힐 걸 생각하면 할수록 동생은 화가 났다. 방송으로는 '미국인은 문화인이라 불법 소프트웨어는 사용하지 않는다'면서, 자기네 가게가 있는 전자상가 여러 곳에서 수백 개씩 복제 디스켓을 구입해서 미국에 돌아가서는 불법 복제된 디스켓으로 장사를 하다니. 그렇다면 미국인도 파키스탄인과 같은 미개인이라는 이야기인가? 동생은 이 의문을 풀기 위해서 꾀를 냈다. 자기네 가게에서 구입한 디스켓에다 '저작자 표시'를 나타내는 특별한 증거를 숨겨놓은 것이다.

2년 후인 1988년에 미국 정보부의 높은 사람과 러시아 정보부의 높은 사람이 비밀리에 만났다. 미국 측이 "요새 미국 개인용컴퓨터에다 무슨 공작을 했는가? 왜 10만 대가 넘는 미국 내 개인용컴퓨터가 이상해졌지?"라고 물으니 러시아 측이 정색을 하고 자기들 짓이 아니라고 답한다.

1년 동안에 미국에서 불법 복제된 소프트웨어를 사용한 사람이 10만 명이 넘는다는 결과였다. 미국이나 소련은 파키스탄 형제가 불법으로 복사한 디스켓에 숨겨 놓은 이 브레인 바이러스를 알지 못했다. 세계 최초로 탄생한 바이러스 프로그램이었으니까. 이 프로그램은 5.25인치(360킬로바이트 용량) 크기의 디스켓만 감염시키는 바이러스였다. 개인용컴퓨터의 전원을 켜고 시작을 할 때 디스켓의 일정 부분을 감염시켜 컴퓨터가 시작되는 작업을 약간 방해하는 정도이고, 브레인 바이러스에 걸렸다는(감염되었다는) 표시로 디스켓 한쪽 구석에 'C-브레인(C-Brain)' 글자를 표시했다.

1988년부터는 미국뿐 아니라 전 세계로 퍼져 나갔다. 파키스탄에서 근무하던 미군이 일본이나 한국으로 근무지를 이동한 탓인지 일본, 한국에도 브레인 바이러스에 걸린 디스켓이 발견되기 시작했다. 한국은 오산 부근과 부산 근처의 개인용컴퓨터에서 브레인 바이러스가 발견되더니 곧 전국으로 퍼져나갔다.

동생은 결국 잡혀가 죽도록 맞고서야 브레인 바이러스

를 치료하는 백신 프로그램 만드는 방법을 알려주었다. 일부 국가에서는 인터폴을 통해 브레인 바이러스 제작자를 파키스탄에서 찾아내어 백신 프로그램을 구했다.

당시 한국에는 최철용과 안철수라는 두 명의 천재 대학생이 있었다. 그 둘은 각기 브레인 바이러스 퇴치 프로그램을 만들어냈다. '정보시대'라는 잡지사에서는 〈월간 마이크로소프트웨어〉 잡지에 최철용의 백신 프로그램과 안철수의 백신 프로그램을 둘 다 소개했다. 안철수는 고맙게도 새로운 바이러스 프로그램이 출현할 때마다 백신, 브이원, 투, 투플러스, 쓰리(Vaccine, V1, V2, V2plus, V3)라는 이름으로 컴퓨터 바이러스 퇴치용 백신 프로그램을 계속 개선해 나가면서 개인용컴퓨터 사용자들에게는 수십 년간 무료로 제공했다. 최철용은 브레인 바이러스 이후에 출현하는 바이러스의 백신 프로그램 개발은 안철수에게 맡기고, 개인용컴퓨터에서 사용하는 한글 활자 프로그램인 한글도깨비 프로그램, 그리고 한글 활자 디자인과 폰트롬(font ROM) 개발에 매진했다.

19. 아무나 출판? 전문가도 어렵다

일반적으로 저자들이 생각하기에는 자기가 전문적으로 알고 있는 것을 잘 정리하고 몇 년에 걸쳐 정성껏 원고를 썼으니까 자기가 쓴 책은 틀림없이 베스트셀러가 될 거라고 생각한다.

이공계 직장에서 정년퇴직한 공학박사가 친구인 출판사 대표에게 자신이 4년이나 걸려서 만든 '한자 배우기' 원고가 있는데 출판해 달라고 했다. 그러면서 다짜고짜 계약금을 얼마나 줄 수 있냐고 물었다. 정가 2만 원에 1년에 10만 부씩 나가면 20억 원 매출이니까 자기에게 줄 인세 10%를 계산하면 2억 원이니, 계약금으로 1년 치 인세 2억 원을 먼저 달라고 했다.

출판을 30년 한 가가출판사도 수학참고서가 10만 부 판매될 것으로 예상하고 10만 부를 인쇄했는데 주문이 3천 부만 들어왔다. 정가 1만 원씩 계산하여 10억 원 매출을 생각했는데 3천만 원어치만 팔린 것이다. 나머지 재고인 수학참고서 9만 7천 부를 창고에 쌓아놓고 창고 보관료만 물고 있었다. 홍성대 선생의 《수학의 정석》은 매년 100만 부 넘게 팔리기도 했지만 이것은 특별한 경우인데, 저자들은 자기도 실력이 좋으니까 그만큼 팔릴 수 있다고 생각하기 마련이다.

한 학년 70만 명 학생 중에서 수학은 필수 과목이니까, 반만 나가도 35만 부는 매년 나갈 것으로 예측한 것. 최소한으로 잡아서 초판 10만 부만 먼저 찍었는데 그러나 실상은 그의 1/33인 겨우 3천 부가 팔린 것이다.

30년 출판 경력자 사장도 판매 예측을 하기 힘든 것이 출판인데, 공학박사라고 자기 책은 10만 부가 나간다고 자신을 하고 있으니 뭐라고 말을 할 수가 없다. 2011년도 고등학생 수는 194만 명이었지만, 2018년 고등학생 수는 153만 명으로 매년 감소하고 있다.

그가 정년퇴직하고 손자가 배우는 한자참고서를 보았을 때 '참, 어렵게도 책을 만들었다'고 느꼈다는 것이다. 그러고는 자기 손자가 배우기 쉽게, 시중 참고서보다 더 잘 쓴 참고서를 만들기로 했단다.

출판사 대표가 2, 3일 답변을 안 주고 씹었더니, 딩기딩기 소리가 나면서 카톡이 울린다. 한자 원고 파일이 PDF 형태로 첨부되어 있었다. 역시 이과 출신답게 1,800개 한자를 알기 쉽게 군더더기 없이 깔끔하게 데이터베이스 형태로 서술했다. 그런데 정작 내용을 읽어 보려니 도대체 어떻게 시작해야 원고를 읽어서 한자 공부를 할 수 있는지 알 수가 없다. 카톡 문자를 보냈다.

"이 책 사용법을 알려주세요. 혹시 자세한 일러두기 같은 것이 없는지요?"

20. 출판사 동업은 정말 힘든 일이다

장왕사 이대의 회장님 말씀 중에 '자기 자신을 이겨라(克己)'와 '동업 금지'가 있다. 요새는 1인 출판사가 많지만 예전에는 몇 명이 자금을 모아 동업으로 시작하는 경우가 많았다.

'친한 친구와는 여행을 같이 가지 말라'는 이야기가 있다. 평상시에는 서로 양보하고 친구를 배려하다가 여행을 가서 한방에서 자고 종일 같이 붙어 있다 보니, 집이 아닌 타지에서는 불편하고 신경 쓸 일이 많은데다 잠자리도 불편해 우선 내 몸 챙기기에 바쁠 수밖에 없다.

이기성 원장의 늦둥이 딸이 친구들과 함께 해외 여행을 갔다. 이 원장은 "돌아올 때 전부 함께 와라. 서로 싸워서 따로따로 귀국하지 말고"라고 당부했다. 다행히 모두 함께 귀국했다. 어떻게 위기를 넘겼냐고 했더니, 돈이란다. 12시까지 모이자고 9시에 약속하고 각자 보고 싶었던 곳을 갔다 오기로 하고 헤어졌다고 한다. 12시 약속시간에 늦은 팀이 나왔다. 회의 결과 벌칙으로 벌금을 정했단다. 1시간에 1만 원씩. 우리는 대학생 때 친구끼리 벌금 내라고 얘기도 못 꺼내고 속으로만 식식댔었는데, 요즘 세대들은 늦었다고 말을 하고 벌금을 걷고 참 합리적이다.

출판사 저자 중에서 베스트셀러 저자는 몇 분 안 되고 책당 2천 부 기본 부수가 팔리는 분이 상당히 많다. 1년에 책 한 권 집필해서 2천 부 나가면 정가 1만 5천 원에 단행본의 인세 10%는 3백만 원이다. 작가의 1년 수입이 3백만 원, 월수입 25만 원이라면 생활이 안 되니 출판사에 가불을 부탁하는 경우가 종종 생긴다.

그런데 출판사 역시 책이 2천 부 나가면 서점에 매출액의 35%인 1,050만 원 수수료를 내고(공급률 60~65%), 종이값, 인쇄비, 제책비를 지불하고 인세 300만 원을 지급하고 나면 직원 월급과 사무실 임대료와 관리비 내기도 힘들다. 갑과 을이 동업하는데 A저자가 찾아와 다음 번 책의 인세로 갚을 테니 3백만 원을 가불해 달라고 한다. '갑'은 책이 2천 부 팔리면 3천만 원 매출이니까 큰돈같이 보여도 책을 만드는 직접경비, 간접경비를 빼고 나면 남는 것이 없다고 설명하고, "그래서 가불이 어렵다"고 거절한다. 그런데 동업자 '을'은 자기가 실세 사장인 양 "다음 번 서점에서 수금해 오면 가불을 해준다"고 말한다.

누구는 싫은 소리 하기 좋아하겠는가? 그런데 저자들은 가불을 거절 안 하는 '을'을 좋은 사람이라고 하면서 '갑'은 사람이 안 좋다느니, 인격이 부족하다느니 구시렁거린다. '갑'은 가불을 해주겠다고 얘기한 '을'의 체면을 생각해서 어려운 회사자금 사정이지만 어떻게든 변통해 가불을 해주곤 했더니 저자들은 알지도 못하고 '갑'이 깍쟁이란다.

21. 지역마다 내용이 달랐던 방각본

서울의 방각본은 경판(京板), 경기도 안성의 방각본은 안성
판, 전라도 완산 방각본은 완판, 태인의 방각본은 태인판 등
으로 불린다.

　도장을 여러 개 갖고 있으면 필요한 도장을 찾을 때 바
닥을 뒤집어 보아야 하는 불편함이 있다. 이럴 때 도장
기둥 옆면에 칼로 표시를 해놓으면 찾기 편하다. 도장의
옆면에 글자를 새긴다는 것을 '방각(傍刻)한다'고 한다.
방각(倣刻)이 명사로는 '본래의 모양새를 본떠서 새긴다'
는 뜻이므로, '1800년대 이후에는 한석봉의 천자문을 방
각해서 출간하기도 했다'라고 해도 말이 된다.
　선조 때의 임진왜란, 인조 때의 병자호란을 거치면서
많은 종이책이 불에 타거나 일본으로 반출되어 국내에는
과거 시험에 꼭 필요한 소학, 사서삼경 등도 모자라는
현실에서 민간이 출판하는 서적인 방각본(坊刻本)이 탄
생한다. 여기서 방각(坊刻)은 방각(傍刻), 방각(倣刻)과
뜻이 비슷하다. 간행 기록이 분명한 최초의 방각본은 요
즘 백과사전에 해당되는 책인데, 선조 9년(1576)에 간행

된 《고사촬요(攷事撮要)》이다. 수차에 걸친 외침을 겪으면서 정권에서 유리된 양반층이 많아지고, 의병으로 참여하면 평민으로 진급시켜 주는 등 신분제도가 흔들리던 시기였다. 또한 상인들이 부를 축적하게 되면서 책을 사볼 능력이 되었을 시기이기도 했다.

방각본 중에서 방각본 소설(坊刻本 小說)은 필사본으로 전해져 오던 내용을 판매를 목적으로 판각(版刻)하여 출판한 고전 소설이다. 이기성 원장이 한글 서체를 공부하느라 서울 인사동에서 고서를 찾다보면 제기차기용 제기를 만들 때 사용하는 얇은 종이에 인쇄된 한글 소설 방각본인 《유충렬전》 책과 《춘향전》 책이 가장 흔했다.

방각본을 조판하는 방식으로는 목활자본(나무), 목판본(나무), 토판본(흙), 연활자본(납)이 있는데, 대량인쇄에 용이하고 비용 문제로 방각본은 나무에 새기는 목판본 조판이 가장 많다. 조판된 것을 인쇄할 종이 구하기는 원료인 닥나무가 생산되는 전라도와 경상도가 유리했고, 재생지를 사용하는 곳은 서울, 안성이었다. 방각본 출판은 목판을 새기는 기술이 있고, 종이 구입이 쉬워야 제작이 가능하고, 방각본 책을 살 수 있는 서민이 많은 곳에서 주로 이루어졌다.

같은 소설 방각본 책이라도 서울에서 발간된 경판과 완산에서 발간된 완판의 내용이 약간씩 다르다. 지역의 특성이 반영되어 있다고도 할 수 있다.

64학번인 이기성 원장이 서울대학교 문리대학에서 교

양국어 학점을 신청했다. 기말고사 문제를 미리 알려주는 것으로 인기가 높은 교수님 강좌였다. 역시 기말고사 한 달 전에 칠판에 문제를 쓰셨다. 문제는 딱 하나, '춘향전에 대해 논하라'였다. 스터디 그룹을 짜서 도서관에서 춘향전 책을 찾았는데, 글쎄, 책마다 춘향전 내용이 다르고 분량도 달라서 당황했었다.

《춘향전》 방각본은 작자는 미상인데 현재 국문본, 한문본, 국한문혼용본 등 여러 종의 소설 방각본이 전해온다. 서울의 경판 춘향전은 이도령이 중심이 되고 춘향은 기생의 딸로 서술한 반면, 완산의 완판 춘향전은 춘향이가 중심이 되고 춘향이가 기생의 딸이지만 양반의 핏줄이라고 서술하는 차이를 보인다. 완판 춘향전은 전라도 지역 사투리가 그대로 사용되고 있다. 보통 경판 춘향전은 16장으로 불과 7,000자 안팎으로 짧은 것이 있는가 하면, 완판은 84장본같이 2만 자 정도의 긴 작품도 있다. 대체적으로 경판은 완판에 비해 묘사가 간단하고 간단한 문장으로 구성되어 전체 분량이 짧다.

22. 좁은 문과 상록수와 에버그린

책에 나오는 화려하고 감미로운 글귀에 반해 책을 읽고, 책
내용을 옮겨 적으며 언제나 책과 함께했던 사춘기 시절은
아름다운 추억으로 기억된다.

이기성 원장의 아버지는 출판사 사장이었다. 아버지
친구 분들이 책이 나오면 선물로 보내주셨다. 세계문학
전집 50권, 한국문학전집 20권, 무슨 문고 100권씩. 응
접실 책꽂이에는 두꺼운 책들이 가득가득 찼다. 보기만
해도 질렸다. 당시 인기가 있던 수호지나 무협소설책은
없고 명작소설, 고전문학책만 가득했다.

어쩌다 빨간색 표지 책을 펼쳐보니 재미가 있었다. 아
버지한테 야단맞았다. 애들은 그런 거 보면 안 된다고.
《야담과 실화》라는 10권짜리 전집이었다. 보지 말라니
까 더 보고 싶어 몰래 모두 보았다. 재미가 있는 책이 또
있나 들춰보다가 《좁은 문》이라는 책을 발견했다.

주인공 제롬은 아주 어렸을 때, 두 살 위 사촌 누이 알
리사에게 홀딱 반했다. 그런데 정숙한 알리사는 자기

의 동생 말괄량이 줄리엣도 역시 제롬을 사랑하고 있다는 것을 알게 된다. 줄리엣은 언니와 똑같은 희생 정신에서, 언니의 행복을 빼앗지 않으려고, 자기보다도 훨씬 연상인 구혼자와 결혼해 버렸다. 군대에 입대해 헤어져 있으면서 제롬은 알리사에게 사랑의 편지를 쓴다. 제롬이 결혼하자고 하면 알리사는 '우리는 행복을 위해서가 아니라 거룩함을 위해서 태어났다'고 한다. 제롬이 생각했던 편지 속의 알리사와 직접 만나본 현실의 알리사는 생각과 행동이 다르므로 제롬은 알리사를 단념한다. 그러나 병들어 외롭게 숨진 알리사가 남긴 일기는 알리사의 가슴 아픈 비밀을 알려 준다. 알리사는 제롬을 사랑하고 그에게 모든 것을 바치고 있었고, 알리사가 추구하고 있었던 것은 자기 자신의 행복보다도 오히려 제롬의 행복이었다. 제롬을 자기로부터 떨어져 나가게 함으로써, 저 성서에서 이야기하고 있는, 둘이서 나란히 들어갈 수는 없다는 '좁은 문' 쪽으로 제롬이 혼자서 걸어가는 것을 보기를 바라고 있었기 때문이다.

이기성 원장의 가슴을 울렸던 일기의 한 구절은 '하느님이시여, 다시 한 번 그분을 만날 수 있도록 하여 주옵소서'였다.

1947년 노벨 문학상을 받은 앙드레 지드의 책 《좁은 문》의 진정한 심오함을 당시에는 몰랐으나, 책에 나오는 화려하고 감미로운 글귀에 반해버렸다. 이렇게 아름다운 문장이 있다니. 서재에 있는 그 옆의 책, 또 옆의 책을 계속 읽다보니 어느새 서재에 가득 찬 책을 거의 다 읽어버렸다.

당시 이기성 원장은 여자친구가 생길 나이. 책을 읽을 때 멋진 문구를 발견하면 연애편지에 써먹으려고 공책에다 적기 시작했다.

고1이 되어 신문동아리에 들어갔다. 당시는 신문반이라 불렀다. 성당에서 본 예쁜 여고생을 생각하며 그녀에게 보낸다는 생각으로 연애편지를 써서 신문 칼럼에 실었다. 남자 이름은 '제롬' 대신에 '도밍고'로. 여고생은 '조안나'로. 인기 폭발. 상급생들의 연애편지 대필로 용돈을 푸짐하게 조달했다.

신문반과 문예반 학생 중에서 몇 명이 뜻을 모아 '에버그린' 클럽을 만들었다. 당시는 농촌 계몽운동을 소재로 한 심훈의 대표작인 《상록수》 책에 반해 있을 때였다.

《상록수》는 1935년 8월 〈동아일보〉가 공모한 소설에 당선된 책이다. 당시 〈동아일보〉 공모전의 취지는 "첫째, 조선의 농촌·어촌·산촌을 배경으로 하여 조선의 독자적 특색을(원문에는 색태와 정조를) 가미할 것, 둘째, 인물 중에 한 사람쯤은 조선 청년으로서의 명랑하고 진취적인 성격을 설정할 것, 셋째, 신문소설이니 만치 사건을 흥미 있게 전개시켜 도회인, 농·어·산촌을 물론하고 열독할 것"이었다. 《상록수》의 여주인공은 원산여고 출신의 최용신을 모델로 삼은 것이란다.

청춘 남녀의 사랑 이야기를 한 축으로 삼아, 농촌 계
몽운동에 헌신하는 지식인들의 모습과 당시 농촌의 실상
을 그린《상록수》책이름을 따서 클럽 이름이 항상 초록
인 '에버그린'이었다. '에버그린' 클럽의 문예잡지 이름
은 〈상록〉이었다.

1960년대는 개인용컴퓨터와 프린터가 나오기 전이라
초를 입힌 원지에 철필로 쓰고 갱지에 등사판으로 밀어
서 문예지를 발행했다.

당시 고등학교에서는 에버그린 클럽의 〈상록〉과 세븐
클럽의 〈스펙트럼〉이 양대 문예잡지였다. 두 클럽 모두
훈육 선생님 방에 불려가 반성문을 썼다. 공부는 안 하
고 쓸데없는 짓 한다고. 〈상록〉의 권두언을 쓴다고 어려
운 책을 읽어서 몇 줄씩 베껴 넣었다. 요즘 말로는 표절
을 한 것. 덕분에 어려운 책을 많이 읽게 되고, 좋은 문
장을 골라서 공책에 적으려다 보니 독서하는 습관도 붙
고, 문장력도 많이 늘었다.

23. 한국인 문화 유전자, 책

한국인의 집에는 아무리 가난한 집이라도 집 안에 책이 있었다. 한국인의 문화 유전자는 책으로부터 출발한다.

스페인 카탈루냐 지방에서 4월 23일 날 책을 사는 사람에게 꽃을 선물하던 '세인트 조지의 날'이, 마침 대문호 셰익스피어와 세르반테스의 사망일이기도 하여 유네스코가 '세계 책의 날'로 정했다.

우리나라에서도 2012년부터 4월 23일 '세계 책의 날'에 시민들에게 책과 장미꽃을 선물하는 책 축제를 개최하고 있다. 우연히 선물 받은 책 한 권의 감동이 생각의 힘을 키우고 다시 책을 찾는 선순환이 이루어지기를 바라는 마음에서다. 물론 낮아지는 국민 독서율에 대응하여 국민독서문화진흥의 일환으로 추진한 것이기도 하다.

매년 낮아져가는 독서율에 많은 이들이 걱정을 표한다. 실제로 정부가 발표한 2015년 우리 국민의 연평균 독서율은 65.3%에 불과했다. 3명 중 1명은 일 년 동안 책을 단 한 권도 안 읽는다는 것인데, 매체 환경의 변화와 시간적·정신적 여유가 부족한 게 큰 원인인 것 같다. 손전화 같은 디지털 기기에 사로잡혀 있는 현대인들에게 종이책을 들고 있을 손은 없는 것인가?

한국인의 문화 유전자 안에는 분명 책에 대한 열정과 애정이 남아 있다. 예를 들면 150여 년 전 병인양요(1866) 때 프랑스 장교에 의해 남겨진 《조선원정기》라는 책에 이러한 기록이 있다.

"~우리의 자존심을 상하게 하는 한 가지 사실을 발견할 수 있는데, 그것은 아무리 가난한 집이라도 한국인의 집 안에는 책이 있다는 사실이다.~"

독서율 조사에도 문제점이 있다. 웹소설이나 앱북 같은 다양한 형태의 디지털 책도 모두 조사에 포함해야 한다. 출판인들도 게임만큼 재미있는 책을 만들도록 좀 더 노력해야 할 것이다. 자기의 말과 글과 역사를 갖춘 민족인 한국인의 인문정신의 토대로서, 더욱이 4차 산업 시대를 맞아 지식이 자본이 되는 사회, '독서'는 다시 한국인의 대표적인 생활습관이 되어야 한다.

4월 23일, '세계 책의 날'을 계기로 가족이나 친구에게 책과 장미꽃을 선물해 보는 건 어떨까? 책으로 가득 찬 광화문 거리로 나와도 좋다. 해마다 '세계 책의 날'에는 지적 소통 프로그램부터 책과 장미를 선물하는 이벤트가 열린다. 가족, 친구 혹은 연인의 손을 잡고 나가 보자. 새 봄에, 책을 읽고 나누는 기쁨이 꽃향기처럼 전국에 퍼지기를 기원한다.

24. 선강 시대 독서, 인강 시대 독서

책에는 '죽은 책'과 '산 책'이 있다. '죽은 책'은 정지된 그림이 들어 있는 책이고, '산 책'은 움직이는 그림이 들어 있는 책이라고 할 수 있다.

종이소설책, 종이교과서, 종이잡지는 죽은 책이고 전자소설책, 웹소설, 웹툰, 디지털교과서라 불리는 전자교과서, 전자잡지는 산 책이다. 정지된 사진이나 정지된 그림만 있는 책은 죽은 책이라 볼 수 있고, 움직이는 움직그림(꿈틀그림)이나 동영상이 들어 있는 책은 산 책이다. 그렇다면 교실에서 선생님이 강의하는 선강은 죽은 강의이고, 인터넷에서 강의하는 인강은 산 강의인가? 물론 정적인 책과 동적인 책을 죽은 책과 산 책으로 비교하는 것이 좀 심하기는 하다. 그러나 글자, 소리, 동영상이 함께 통섭하여 난무하는 티브이 드라마나 영화 시대에 정지된 그림과 글자만 가득한 책이 살아 있는 책이라고 말하기도 어색하다.

엄마 뱃속에서부터 티브이 소리를 듣고 엠피쓰리 음악을 듣고 세상에 태어난 청소년들은 라디오만 듣고 자라거나 흑백 티브이를 보고 자란 엄마 아빠 세대와는 책에 대한 생각이 다르다. 그런데 어른들은 종이책을 보면 독서를 잘한다고 하고 전자책이나 웹소설을 보면 공부 안 한다고 야단을 친다. 참 억울하다. 이기성 원장도 고등학생 때 야단을 많이 맞았다. 시험 공부하는 놈이 라디오를 틀어놓고 한다고. 그때 억울했다. 라디오에서 흘러나오는 음악소리를 들으면서 책을 보면 집중이 잘 되었다. 라디오에선 폴랑카나 비틀즈, 코니 프란시스라는 서양 가수 노래가 나왔었다.

정적인 종이책이건 동적인 전자책이건 많이 읽는 것이 인생과 글쓰기에 도움이 된다. 내용, 줄거리(영어로는 콘텐츠, 스토리)를 글자와 정지그림만으로 책을 만든 것이 종이책이다. 종이책에서 빼곡한 글자만의 답답함을 벗어나 글자 부분의 일부를 시각화(이미지화)시켜 디지털로 제작한 것이 전자책이고, 이미지화를 책 전체에 적용한 것이 드라마나 영화라 볼 수 있다.

글을 잘 쓰려면 많이 읽어야 한다. '나는 글재주가 없어. 나는 글이 안 써진다'라고 하는 경우는 '나는 책을 잘 안 읽는다'라고 말하는 것과 같다. 독서는 자기가 필요한 것 또는 자기가 모르는 것을 찾아 읽는 '기획 독서'가 바람직하다. 한 번 읽어서 잘 모르면 두 번 읽고, 그래도 이해가 안 가면 세 번 읽고 그러다 보면 대개 이해가 된다. 교실에서 선생님에게 직접 강의를 듣는 선강 시대에서 인터넷에서 강의를 듣는 인강 시대로 들어온 지금은 '기획 독서'가 정답이다. 읽을 책의 형태는 종이든 디지털이든 상관없다. 읽는 것이 남는 것이다.

25. 엠팔 친구들과 라퓨터방송

1세대(1G)는 아날로그 방식으로, 음성통화가 가능한 휴대전화 시대였다. 한국 최초의 PC통신은 엠팔에서 만든 전자게시판시스템(BBS)이었다.

1세대(1G)는 주로 음성을 전달하는 시스템인데, 한국은 1984년에 시작되어 1999년까지 약 290만 명의 가입자가 사용했다. 미국의 워드 크리스텐슨(Ward Christensen)은 랜디 스에스(Randy Suess)와 함께 전화를 통해 접속할 수 있는 최초의 전자게시판시스템(BBS)을 1978년에 개발했는데, 한국에서는 1980년대 중반에 애플II+ 컴퓨터와 IBM PC, 음성전화선, 모뎀(MODEM)을 사용하여 전자게시판시스템을 운영하는 컴퓨터통신 동호회가 탄생했다.

이기성 원장은 전자통신 1세대이다. 1986년 국내 최초의 PC통신이라 할 수 있는 데이콤의 유닉스 h-mail과 한국경제신문사의 KETEL을 사용하던 초창기 멤버들이 모여서 만든 동호회인 엠팔(Electronic Mail PAL) 중에서도 컴퓨터 전문가로 구성된 엠팔 초이스 회원이다. 경희

대 박순백 교수가 엠팔 초대 회장이다. 박 교수네 지하
의 골방에서 엠팔게시판(BBS) 프로그램을 개발했다.

1988년에는 '엠팔게시판'이 시험 가동되고, 1989년에
는 한국경제신문사에서도 '케텔게시판'이 시험 가동되었
다. 케텔은 나중에 하이텔로 명칭이 바뀐다. 엠팔과 한
국경제신문사에서는 'PC 통신'이라는 용어를 만들었다.
하이텔, 천리안, 나우누리, 유니텔 프로그램을 그냥 PC
통신으로 불렀다.

엠팔게시판의 멀티채팅 기능과 장미여관 대화방, 변조
복조기(MODEM)로 음성전화 신호를 디지털로 바꾸어 컴
퓨터통신에 사용하고, 7개의 전화번호로 동시 접속 가능
한 것은 최대 8명이었다. 1인당 하루 100분 이내로 사용
시간을 제한했다. 체신부가 음성전화기로 간첩처럼 디지
털통신을 하는 엠팔게시판의 전화선을 끊겠다고 하여 전
화국을 찾아가서 엠팔은 간첩이 아니고, 앞으로는 아날로

그 통신이 디지털 통신으로 발전해 나갈 것이라고 설명했
다. 미래에는 통신망에 정보와 데이터를 추가하여 부가가
치통신망(Value Added Network)으로 발전한다는 사실을
강조하여 겨우 전화선 폐쇄를 막아냈다. 우리의 정보가
미국 등 통신망 선진국에 예속되는 걸 막아야 한다는 인
터뷰 내용이 KBS 현장기록 '요즘 사람들'에 소개되었다.

이기성 원장이 계원대 교수 시절에 진행한 〈SBS PC통
신〉 프로그램 방송 시간에는 천리안, 하이텔, 한글과컴
퓨터의 대화방을 열어놓고 청취자와 실시간으로 의사 교
환을 하면서 생방송으로 대화 내용을 소개해서 최고의
인기를 누렸다.

1995년 3월 〈연합뉴스〉에서는 국내 최초의 '라퓨터방
송' 프로그램을 소개한다. 'SBS 라디오는 1995년 3월 20
일부터 봄철 프로그램 개편을 시행한다. 컴퓨터 마니아
들을 위한 〈SBS PC통신〉(매일 밤 0시 5분)을 비롯해~'
라디오와 컴퓨터의 결합 프로그램인 〈SBS PC통신〉을 기
획한 김국은 PD는 1995년 방송대상을 수상했다.

26. 라디오 수신기 조립과 컴퓨터

1964년 봄 서울대 교수님은 "우리는 육상에서 망원경같이 생긴 것으로 거리를 측량하고, 평판에 연필로 그려 지도를 제작하고 있지만 미국에서는 컴퓨터라는 것이 지도를 그려 준다"고 했다.

1964년 당시 불암산 밑에 있던 서울대 공대에 가서 '컴퓨터 개론' 과목을 몰래 훔쳐들은 것이 이기성 원장이 컴퓨터와 인연을 맺게 된 계기였다. 《전자계산 일반(EDPS)》 책을 들고 다니면 걸그룹 같은 예쁜 아가씨들이 〈뉴스위크〉나 〈타임〉 잡지책을 들고 다니는 것보다 더 우러러보던 시절이었다.

1958년 이기성 원장이 중학생일 때 청계천에는 진짜로 물이 흘렀다. 청계천변에 세운상가가 있었다. 이기성 원장은 버스값과 전차값을 아껴 군대에서 흘러나온 진공관, 스피커, 콘덴서를 사러 이곳에 자주 갔었다. 3구 진공관 라디오를 조립하고 5구 라디오를 만들고 그러다 보니 나중에는 송신기를 더 좋아하게 돼 무허가 방송을 시작했다. 어느 날 학교에서 돌아오니 대문 앞에 피 같은 진공관이 무참히 깨져 뒹굴고 있었다. 방첩대인가 어

딘가 간첩 잡는 데서 나와 모조리 부수고 갔다는 것이었다. 아까운 모든 것이 대문 밖 쓰레기통 신세가 된 날 이기성 원장은 밤새도록 울었다. 당시는 집 대문 앞에 자가용 쓰레기통을 놓고 살았다. 보통사람은 시멘트로 쓰레기통을 만들었고, 부자는 쓰레기통을 철근콘크리트로 큼지막하게 만들었다.

군인들이 옷장까지 수색해서 조립 라디오와 조립 전축, 조립 송신기를 찾아냈지만, 이기성 원장의 비밀창고인 천장 속은 뒤져보질 않았다. 다행히 군대용 미니추어 진공관으로 만든 고급 라디오 수신기가 남아 있었다. 배터리가 대중화되지 않았던 당시지만 군대에서는 배낭만한 배터리를 등에 지고 이동하면서 무전으로 송신과 수신을 했다. 그 군대용 무전기를 남대문 시장에서 구입해서 민간용 진공관의 절반만한 크기인 손가락 같은 미니진공관을 꺼내서 고급 라디오 수신기를 만들었고, 별도로 807진공관을 사용해서 조립한 송신기를 연결하면 훌륭한 휴대용 송수신기 역할을 했다(요새는 807을 출력관으로 많이 씀). 또다시 무허가 전파를 송신하면 중학생이었던 이기성 원장을 잡아가는 것은 물론, 아버지 출판사까지 없앤다고 군인들이 그랬다면서 집에서는 절대로 라디오 조립을 못하게 했다. 청강수를 바르고 납땜인두를 달구어 진공관 소켓과 저항, 콘덴서를 납땜으로 연결하는 즐거움이 원천봉쇄된 것이다.

휴대형 고급 라디오 수신기를 집에다 계속 감추어 놓

을 수가 없어 친구에게 주기로 했다. 이기성 원장은 중학교 때 떡메 이호종 선생님의 소년단과 홍성오 선생님의 생물반에 가입했다. 물리반 학생들이 라디오와 송신기를 잘 알 것이라 생각하고 내가 조립한 휴대형 라디오 수신기 이야기를 했는데, 의외로 송수신기에 관심이 적다. 그런데 방송반인 금나라가 라디오에 대해 고수였다. 당연히, 최신 휴대형 조립 라디오 수신기는 톱 연주도 잘하는 금나라에게 갔다.

이기성 원장이 1968년 ROTC 통역장교로 육군 본부에 발령받고 보니 말로만 듣던 컴퓨터가 있었다. 드디어 대형컴퓨터가 육군 소위의 개인용컴퓨터 역할을 하게 된 것이다. 그러다가 1981년 일제와 미제 PC를 만나면서 대전환을 맞았다. 예쁜 사과가 그려진 애플II 컴퓨터를 가까이 하다 IBM PC로, 하드디스크가 달린 XT가 나오고 AT, 386, 486, 펜티엄으로 이어지는 IBM 호환기종으로 발전했다.

이기성 원장이 PC를 배우면서 느낀 점은 '대형컴퓨터를 배운 나도 이렇게 PC 배우기가 힘든데, 컴퓨터에 기초가 없는 사람들은 어떻게 컴퓨터를 배울까?' 하는 것이었다. 그래서 1991년에 컴퓨터에 대한 공포증을 없애주기 위해 《컴퓨터는 깡통이다》라는 책까지 쓰게 되었다. 이 책은 300만 부가 팔리면서 베스트셀러가 되었다.

27. 한국은 인터넷 소비 강국

스마트폰이 인터넷 서핑용으로 많이 사용되는 것이나, 커피숍을 와이파이 인터넷 연결 장소로 생각하는 것이나 주객이 전도되기는 마찬가지였다.

 잡지사나 신문사에서 인터뷰를 할 때는 당연히 인터뷰할 대상을 직접 만나서 사진도 찍고 인터뷰 내용을 녹음하고 메모도 하는 것이 정상이다. 그런데 이기성 원장이 미국 여행을 갔는데 한국에서 인터뷰를 하자는 메시지가 왔다. 서울에서 LA로 국제전화가 온 것이다.
 "이번 달 잡지 〈기록과 보존〉의 '기획/탐방 취재' 특집에 선생님 인터뷰 기사가 나갑니다. 언제 찾아뵐까요?"
 "아니, 그럼 미국으로 오실 겁니까?"
 "아뇨, 전화나 메시지 교환으로 하지요. 질문 내용은 메일로 미리 보내겠습니다."
 "화상통화를 하자는 이야기인가요?"
 "아뇨, 질문 메일에 답변을 메일로 보내주시면 제가 바로 전화를 드리겠습니다."
 "인터뷰 기사에 제 사진은 안 들어가나요?"

"사진이 제일 문제인데, 사진을 몇 장 보내주시면 우리가 분위기에 적합한 것으로 골라 싣겠습니다. 가능하다면 지금 계신 미국에서 찍은 것으로 부탁드립니다."

서울서 가져온 노트북으로 메일을 열어 인터뷰용 질문을 받았다. 답변을 작성하고 적당한 사진 파일을 찾아내서 잡지사로 보내주려고 생각하고 있는데 국제전화가 왔다. 잡지 마감일이 급해서 그러니 내일 낮 12시까지 답변 메일과 사진 파일을 보내달라는 내용이었다. A4 크기로 8페이지 분량의 내용을 한글 워드프로세서로 작성하다보니 새벽이 되었다. 사진만 고르면 되니까 눈 좀 붙이고. 아침에 아는 형님이 이 원장을 픽업하러 왔는데 그때까지도 맘에 드는 사진을 다 찾지 못했다. 이 원장의 서울 집 컴퓨터나 연구실 컴퓨터 하드에는 사진이 많지만. 아는 형님이 산타아나에 있는 친구와 12시에 만나서 점심을 하기로 했으니, 가면서 일을 하라고 재촉한다. 차 안에서 노트북을 샅샅이 뒤지면서 사진을 찾아냈다. 그런데 막상 산타아나에 도착하니 인터넷을 접속할 수 있는 스타벅스 같은 커피숍을 찾을 수 없다. 산타아나(Santa Ana)는 미국 서부 캘리포니아주의 오렌지카운티에 있는 도시이다. 산타아나에서 가게가 백 개도 넘게 입주한 무지하게 큰 쇼핑몰인데도 와이파이가 되는 커피숍이 안 보인다. 할 수 없이 친구네 집으로 찾아가서 인터넷으로 답변 메일을 보냈다. 그런데 사진 파일들이 용량이 커서 그런지 네트워크 문제인지 전송시간이 한참 걸린다.

제3부

∶

한글과 활자

28. 한글코드 표준화와 한글 활자

KS규격과 국제표준규격에서 1만 1,172자 모두 표현되는 한글코드가 제정되어 어느 나라에서 제작한 스마트폰이나 컴퓨터라도 한글 1만 1,172자가 화면에 보이게 된 것은 한글을 사랑하는 분들의 헌신이 있었기에 가능한 일이었다.

납활자는 손으로 그린 활자원도를 사람이 손을 사용하여 벤톤조각기로 놋쇠자모를 만들고 끓는 납을 부어 만들어낸다. 컴퓨터혁명 이후 정보사회에 들어서자 아날로그 활자인 납활자, 목활자, 도활자, 수동사식활자로 책을 조판하다가 디지털활자인 폰트가 등장한다.

디지털활자는 원도를 디지털 형태로 바꾸어 컴퓨터에 입력시키고 필요한 활자를 컴퓨터에서 골라내어 조판을 해야 하는데, 이때 사람과 컴퓨터가 서로 뜻이 통하는 언어가 필요하게 된다. 이 언어를 코드(code)라고 하는데, 한글을 조판할 때에는 한글코드로 의사소통을 한다.

한글코드에는 1)입력코드 2)처리코드 3)출력코드가 있다. 출력코드에는 정보교환용 코드인 통신코드와 인쇄/출판에서 사용하는 활자인 폰트코드가 있다. 서로 다른 컴퓨터끼리 한글 데이터를 공유하자면 한글 음절 1만

1,172개 모두의 코드가 통일이 되어야 한다.

그런데 1987년도 정부가 발표한 표준코드는 책을 조판하기에는 부적합한 한글코드였다. 현대 한글 글자가 1만 1,172자인데, 2,350자만 한글 표준코드(KS5601)로 제정한 것이다. 그러니까 나머지 8,822개의 한글은 책마다 일일이 출판사나 조판소에서 직접 써넣어야 되는 환경이 된 것이다.

KS5601 코드를 적용한 주민센터에서 '서설믜' 학생의 이름이 주민등록증에 나오질 않자 정부는 서설믜더러 '설믜' 이름을 '설미'로 바꾸라고 하였고, 대학에서는 졸업증명서에 '설믜' 이름을 '설 므 ㅣ'로 인쇄해서 발급해 주었다.

컴퓨터 회사도 한글코드가 통일되어 있지 않아서 자기네 컴퓨터(본체)를 사면 반드시 자기네 모니터와 자기네 프린터를 사야지만 한글이 제대로 나올 수 있으니 장사가 잘 되겠지만, 소비자는 컴퓨터(본체), 모니터, 프린터를 자유롭게 선택할 권리를 뺏긴 것이다. 거기에 더해서 출판물의 저자가 한 글자라도 2,350자 이외의 음절을 사용했으면 출판사나 조판소는 반드시 그 저자가 사용한 컴퓨터와 같은 제조회사의 컴퓨터를 구입해야만 한글 글자 교정을 보거나 수정을 할 수 있었다.

정보통신 분야 학자들이 생각한 한글코드는 경제성이 우선이었고 출판학 및 국어학 분야 학자들은 문화가 경제보다 우선이었다.

한글 1만 1,172자 중에서 자주 쓰이는 2,350자로 98%의 사용빈도를 나타내니까 괜찮다는 것이고, 출판문화 쪽에서는 한글은 1만 1,172자 모두 표현이 가능해야지 2% 사용빈도이지만 음절수로는 8,822자로 79%나 표현하지 못하는 것이다. 통계학적으로도 문화는 정성적으로 분석을 해야지 정량적으로 분석하면 안 된다는 것이다. 일반적으로 98%는 아주 좋은 성적이지만 문화 분야는 100%가 아니면 부정확하다.

공업진흥청이 주관한 컴퓨터용 한글코드 표준 규격이 잘못 제정된 것을 현대 한글맞춤법에 맞는 한글 음절 1만 1,172자 모두 사용할 수 있도록 고쳐야 한다는 '한글 살리기 운동'이 각계각층에서 전개됐다. 인쇄출판 분야에서는 한국전자출판연구회, 한글 통신 분야에서는 엠팔, 한글과 국어 분야에서는 국어정보학회, 컴퓨터 분야에서는 한글과컴퓨터, 그리고 한글 기계화의 태두 공병우 박사, 대학생들이 한마음으로 대정부 설득에 앞장섰다.

한글코드 표준화는 KS 5601-87, KS 5601-92 코드를 거쳐 유니코드인 KS 5700 코드로 종결되었다. 한글 음절 1만 1,172개가 BMP에 포함된 유니코드를 ISO가 세계 표준코드로 확정함에 따라 한국도 KSC-5700 규격을 한글 표준코드로 발표했다. 윈도우98부터 1만 1,172개의 한글이 표현되기는 하되 가나다라 순서가 맞지 않는 상태에서 드디어 1만 1,172개가 모두 표현되고 가나다순까지도 올바른 한글코드가 표준으로 지정된 것이다.

29. 컴퓨터의 한글 입력 방식 변화

우리는 스마트와 클라우드 환경에 적응하고 사물인터넷 환경에 대한 대응책을 마련해야 한다. 한글 입력 방식 문제, 특히 컴퓨터 자판 문제는 하루 속히 해결하고 통일에 대비해야 한다.

103키 같은 데스크톱이나 노트북용 키보드는 한글 세벌식 자판으로 표준을 바꾸고, 태블릿이나 스마트폰의 자판은 좀 더 입력하기 쉽고, 빠르게 입력할 수 있는 과학적인 자판이 개발되어야 한다. 특히 인쇄업계는 활자를 선택하고(채자), 문장을 짜고(식자), 판을 짜는(페이지를 만드는) 조판작업의 연장인 서체 연구, 워드프로세서와 자판 관련 모든 작업과 디자인 작업, 전자책 제작 분야에까지 좀 더 적극적으로 참여하는 것이 필요하다.

손으로 직접 쓰는 글자체인 육필체는 사람마다 필체가 다르다. 활자를 만들어 인쇄하는 글자체에는 본문체(바탕체), 제목체, 네모체(고딕체), 쓰기체, 서예체 등이 있다. 문자에는 창조문자와 차용문자가 있는데 한글은 창조문자이므로 그 문자를 사용하는 단체나 민족의 고유문화를 표현하는 데 적합하다. 영어문자나 불어문자, 스페

인어문자 등은 이집트문자를 차용한 로만 알파벳 문자를 다시 차용하여 자기네 언어에 맞도록 일부 수정하여 사용한다.

문자는 성격에 따라 자소문자와 음절문자로 구분한다. 대표적 자소문자에는 로만 알파벳 문자가 있다. 26개의 대문자와 26개의 소문자로 52개의 자소(알파벳)로 구성되며 자소를 수평으로 나열하는 풀어쓰기 형태이다. 단순히 자음자소와 모음자소를 배열하는 자판이다.

반면에 음절문자인 한글은 자소는 자음자소 14개, 모음자소 10개로 모두 24개의 자소를 사용한다. 24개의 자소를 풀어쓰기 형태로 나열하는 것이 아니고 초성/중성/받침으로 조합하여 자소가 아닌 음절로 문장을 구성하는 글자이다. 음절문자는 음절을 자판에 배열해야 한다. 한글은 모두 1만 1,172개의 자판키가 필요하다. 이러려면 자판의 크기가 커다란 책상만큼 커야 한다. 그러나 다행히 한글은 자소문자이면서 동시에 음절문자이기에 자소만 자판에 배열하면 컴퓨터의 내부 처리장치가 조합하는 작업을 사람 대신 해준다. 한글이 디지털기기(컴퓨터, 스마트폰 등) 입력에 효율적이라고 하는 이유는 1만 1,172개 음절을 사용하지만 24개의 자소만 컴퓨터에 입력해 주면 자동으로 음절로 바뀌어 화면이나 프린터로 인쇄할 수 있기 때문이다.

반면에 중국어 자판이나 일본어 자판은 한자 입력 문제를 해결하기 위해 아직도 많은 연구가 진행되고 있다.

음성입력이 완벽하게 실용화되기 전까지는 입력이 쉬운 한글이 타 문자에 비해 시간을 절약하고 전자기기에 대한 공포감을 없애는 데 유리하다.

글자에는 머릿속글자와 머리밖글자가 있다. 머릿속글자는 개념만 있고, 형태는 없다. '장영실쇼'의 '장' 글자의 색이나 크기를 물어보면 답할 수가 없을 것이다. 우리의 머리는 '장'이 'ㅈ' 'ㅏ' 'ㅇ'을 조합한 글자라는 정보만 기억하고 있다. 그러나 우리 눈으로 볼 수 있는 머리밖글자는 글자의 형태, 색, 크기가 있다.

사람글자는 '글자'라고 한다. 한국인이 사용하는 글자는 '한글'이다. 컴퓨터글자는 '코드'라고 한다. 컴퓨터한글은 '한글코드'라 부른다. 컴퓨터한글인 한글코드는 영문자와 다르게 입력코드, 처리코드, 출력코드의 3종류로 구성된다.

'장영실쇼'의 '장'의 입력코드는 'ㅈ ㅏ ㅇ'이고, 처리코드는 'ㅈ + ㅏ + ㅇ'으로 모아져서(조합되어) '장'이란 음절을 만든다. 출력코드는 '장'이다. 영어 'show'는 입력코드도 's h o w'이고, 처리코드도 's h o w'이고, 출력코드도 's h o w'이다.

한글은 음절문자이면서 동시에 자소문자의 특징도 함께 갖고 있으므로 102개나 103개 자판키가 있는 컴퓨터 자판이 아니더라도 12개나 16개의 자판키만으로 1만 1,172개 음절을 빠르게 입력시킬 수 있어 모든 정보와 데이터가 디지털로 입력되는 IT시대에 편리하다.

1991년 5월 5일 (일요일) 日刊스포츠

한글의 디지털화에 있어서 폰트가 중요한 이유는 무엇일까? 활자에는 나무활자, 금속활자(구리활자, 납활자), 도자기활자, 디지털활자(font)가 있다. 디지털활자인 폰트는 글자가 안 나오면 모니터 화면이나 프린터 용지에 손으로 보충해서 써줄 수가 없다. 반드시 컴퓨터 안에 글자가 모두 들어 있어야 한다. 반드시 1만 1,172자가 다 들어 있어야 한다.

IT시대의 산업에서는 빅데이터 분석을 바탕으로 회사의 경영전략을 수립하고, 회사의 미래 목표를 설정하는데도 참고하는데, 우선 자료나 정보가 디지털로 입력이 되어야 빅데이터의 컴퓨터 분석이 가능하다. 그러므로 입력이 쉽다는 한글의 장점은 결국 IT시대 산업발전에 크게 공헌하고 있는 것이다.

30. 국내 최초의 한글 DTP 방식 출판

출판 방식은 1970년대 초반에 컴퓨터전산조판(CTS) 방식
이 일본에서 본격화되었고, 1980년대 초부터 한국에 애플
II+, IBM PC 같은 개인용컴퓨터가 출시되기 시작하면서 서
서히 탁상출판(DTP) 방식으로 변해 왔다.

이기성 원장은 1986년부터 본격적으로 국제 간 1만
1,172자 통신을 위해 소프트웨어를 개발했다. 애플 PC
와 IBM PC의 통신용 프로그램을 개발했고, 나중에는 소
스를 공개했다. 이기성 원장이 직접 개발한 통신 프로
그램과 보석글 워드프로세서 덕분에 국내 최초로 한글
DTP 방식으로 《알기쉬운 BASIC 프로그램 모음》 책을
영진출판사에서 출판했다(탁연상/이기성 공저).

당시 미국에서 개발한 프로그램을 삼보컴퓨터에서 대
여해 한글화한 보석글 워드프로세서가 사용될 때이므
로, 이 보석글에다 한글 레이저프린터를 컨트롤하는 프
로그램을 결합하여 국내 최초로 한글 탁상출판(DTP)을
성공시켰다. 1987년 당시 한글 레이저프린터를 개발한
큐닉스와 삼보컴퓨터는 값비싼 프린터를 무상으로 영진
출판사에 기증했고, 이 프린터를 사용하여 한글 DTP로

출판된 영진출판사의 책은 큐닉스와 삼보의 좋은 프린터 광고 홍보물이 되었다.

　한국전자출판연구회와 엠팔이 한글문자코드 표준 개정운동에 참여하게 된 과정과 대책에는 4가지 단계가 있었다. 대책 1단계는 '국내 모든 기종의 컴퓨터에서 한글이 정상으로 나올 수 있도록 한글 데이터 파일이 호환되도록 하는 것이었다. 우선 코드변환 프로그램을 제작하여 무료로 보급(문어발, 여우꼬리, 카멜레온)하는 작업을 했다. 대책 2단계는 컴퓨터통신 프로그램을 제작하여 무료로 보급하기(리볼트, 메디콤, 컴토크, 인토크, 따르릉)였다. 대책 3단계는 신기술인 위지위그(what you see is what you get) 방식으로 한글 워드프로세서 프로그램을 제작하여 보급하는 것이었다. 한글 워드프로세서 프로그램을 제작하기 쉽도록 월간 〈마이크로소프트웨어〉 잡지에 파스칼 언어로 소스가 공개된 워드프로세서의 소스 전부를 게재했다. 대책 4단계는 '위지위그 방식의 한글 DTP 제작하기'였다. 당시 일제 입력기(모리자와, 사켄)는 텍스트 방식이었는데 이보다 더 발전된 그래픽 방식(GUI)으로 개발하는 것이었다.

　IBM PC용 한글 DTP 프로그램 '한글 워드프로세서'가 탄생했다. 한울출판사(김종수), 월간디자인(한규면), 장왕사(이기성), 휴먼컴퓨터의 문방사우, 정주기기(김정홍), STI(김명의)의 CAPPRO, 서울컴픽스, STM, 서울시스템(이웅근)의 네오메인 등의 프로그램도 등장했다.

31. 문화부의 한글 서체 개발과정

1980년대 당시 한글 글자 원도 한 글자를 그리는 비용이 일류 서체 디자이너는 최소 4만 원이었다. 1만 1,172자의 원도값만 4억 5천만 원에 서체기획, 교정, 제작비까지 합하면 서체 한 가지에만 수억 원이 든다.

1989년부터 1993년 사이의 한글 활자 글꼴 개발 사업은 당시 문화부의 임원선 사무관, 김장실 어문과장, 신현웅 차관보의 적극적인 협조와 이어령 장관의 결단에 의해 추진되고 완성될 수 있었다.

문화부 한글 서체 개발 예산 배정 문제는 노재봉 총리와 이상희 장관과 청와대 경제수석의 지원이 크게 도움이 됐다. 당시, 국가 예산을 다루는 부서(재경부)에서는 "한글 서체를 개발하면 몇 달러나 수출을 할 것이냐?" 고 따지면서 예산을 줄 수 없다고 했고, 심지어는 문화부 장관과 재경부 장관은 같은 급의 장관이므로 재경부 장관보다 더 높은 국무총리 명의로 예산 청구 문서를 보내지 않으면 서체 개발 비용을 전액 삭감하겠다고 했다. 내각 회의를 거쳐 노재봉 총리의 지시각서가 내려와서 서체 개발 예산을 받을 수 있었다.

문화부는 1991년 7월 5일 '한글 서체개발위원회'를 구성하고, 초·중·고등학교 국어 교과서를 중심으로 제1차년도 개발 한글 글자(낱자와 낱내 글자) 조사를 두 달간 실시했다.

문화부에서는 세종대왕사업기념회를 경유하여 1991년 10월 1일 '문체부 한글 서체 개발 운영위원'을 임명하고, 한글 서체 개발 연구진을 구성했다. 한글 서체 개발 연구진의 연구원에는 3명(박종국, 이기성, 홍윤표 교수)이 확정됐고, 교과서본문체와 교과서네모체의 서체 원도 제작자로는 최정순 옹이 임명됐다.

1991년 12월 14일 학계, 출판계, 인쇄계, 문화계 인사 약 110명이 참석한 가운데 한글 글자체 표준 본그림/원도에 관한 공청회를 개최했다. 공청회 결과를 반영하여 한글 글자본 제정 기준 총칙을 제정하고 교과서 본문용 한글 글꼴(문화바탕체)을 개발했다.

1992년에 '문체부 한글 문화돋움체'를 개발했다. 문화부에서 한글 교과서네모체(문화돋움체)를 개발(검토위원 : 김진평, 이승구, 이기성)하고, 《한글 주요 서체 폰트 및 자소 조합 프로그램에 관한 연구-문화바탕체-》논문집을 발행했다.

1993년 문화부에서 한글 교과서본문제목체(바탕제목체), 한글 교과서네모제목체(돋움제목체) 폰트를 개발한다(연구원 : 최정순, 홍윤표, 이기성). 논문집 《현대 한글 낱내 순위에 관한 연구(1번-1만 1,172번)》가 (주)장왕사에서 출판되고, 동국전산의 홍우동이 한글 서체 홍우체를 발표한다. 문화부에서 한글 서체를 개발하는 기간에 동국대학교 언론정보대학원을 비롯한 대학과 한국전자출판연구회 같은 연구소에서 한글 폰트에 대한 본격적인 연구가 진행되기 시작한다.

국무총리 지시각서로 7년간의 한글 폰트 제작 예산을 확보 받았지만 재경부의 계속적인 방해와 예산 삭감으로 폰트 제작 사업은 난관에 봉착했다. 재경부가 폰트 제작 예산을 절반 이하로 줄여서 1만 1,172개의 원도를 전부 다 그리지 못하고 2,350자만 그리고 나머지 8,822자는 903자소로 조합하는 방법을 사용했다(현대 한글 낱내 순위표, 1992, 문화부).

제목체 예산은 원래의 반에서 다시 또 반으로(2년 치를 1년 치로) 줄여서 폰트 제작에 고민이 많았으나 최정순 옹과 동국대 언론정보대학원 학생들의 도움으로 바탕제목체와 돋움제목체를 모두 완성할 수 있었다.

그러나 실상은 이 원도로 디지털활자를 제작하는 과정에서 컴퓨터 기술자와 활자디자인 경험이 미숙한 서체디자이너가 합작하면 아무리 훌륭한 원도를 그려주어도 본래 원도의 품질보다 질이 떨어지는 폰트로 제작할 수 있는 위험이 있었다. 그러므로 디지털 폰트 제작까지 해서 인쇄된 글자를 보여 주어야만 했다. 문화부와 협력하여 서울시스템(이웅근)에 훈장을 주기로 하고 봉사를 부탁했다.

우리나라는 1991년에 문화부에서 '한글 글자본 제정 기준안'을 확정하여 발표했다. 제정 기준안과 함께 한글 교과서본문체(문화바탕체)의 한글 원도와 본문체 한글 폰트를 개발했다. 중국의 루이자오(劉釗) 교수에 의하면 '인쇄용 활자의 글자본 제정'에 대하여는 중국이 한국보다 26년 빨랐다고 한다. 1965년에 〈인쇄 통용 한자 글자 형태 표〉를 발표한 것이다. 중국에서는 이 표를 통해서 인쇄 통용 송체의 표준 글자 형태를 규정했다.

중국 중앙미술학원 디자인학부 루이자오 교수는 '중국 정부는 1955년과 1956년에 〈제1차 이체자 정리 표〉와 〈한자 간화 방안〉을 발표해 한자의 규격, 간화, 보급에 큰 역할을 했다. 인쇄 글자 형태를 한층 더 규격화하기 위해 10년 후인 1965년 1월에 중국 문화부와 문자개혁위원회는 〈인쇄 통용 한자 글자 형태 표〉를 발표하고, 이 표를 통해 인쇄 통용 송체의 표준 글자 형태를 규정했다. 이러한 원칙은 손글씨 문화를 계승하고, 오독을 줄이며, 인지 효율을 제고하는 데 중요한 의미를 지닌다. 정보화 사회에 진입한 후 규격화되고 간화된 한자 글자 형태는 뛰어난 적응력을 보여 한자문화의 컴퓨터 시대 진입의 기초를 다졌다'라고 했다.

32. 한글은 철학이 깃든 예술작품

책을 조판하기 위한 활자의 글자 모양은 필요할 때마다 자기가 직접 손으로 쓸 때의 글자 모양과 다를 수 있다.

납활자 조판을 수십 년간 사용하다가 1970년대 중반부터 인화지 사진식자기를 사용하는 시대로 변화하기 시작했다. 수동 인화지 사진식자기 시대는 1980년대 개인용컴퓨터의 보급으로 식자기에 컴퓨터가 접목된 전산사식기 시대로 돌입한다. 그러자 교과서, 단행본, 잡지, 신문 등 인쇄물에 인쇄된 한글 활자의 품질에 문제가 생기기 시작한다. 납활자 조판 시대에는 한글과 한자, 일본 글자를 통틀어 마스터하고 있는 출판사의 편집부장이나 인쇄소의 문선부장급 경력자가 활자의 사용 용도와 활자 글꼴의 철학을 기획하고 이에 따른 기본 콘셉트와 제도 원칙을 정해 원도를 그리는 전문가에게 제작 의뢰를 하는 것이 일반적이었다.

자소가 모여서 음절을 만들고 다시 음절이 모여서 단어가 되는 한글 글자꼴은 단순히 자소의 수평적 조합만

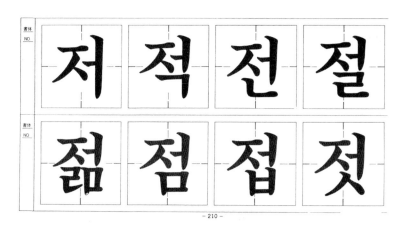

으로 단어가 이루어지는 알파벳 글자꼴과 자소의 제작 방법이 달라야 한다. 로만 알파벳의 타이포그래피 원칙을 그대로 따라서 디자인하면 안 된다.

한글 글자는 네모 모양의 상자 안에 들어 있다. 초성/중성/받침의 자소가 눈에 보이지 않는 가상의 네모상자 안에 들어가므로 초성 자소(자음), 중성 자소(모음), 받침 자소(자음)의 크기와 모양이 음절에 따라서 작아지고 변화한다.

한글 한 개의 음절은 초성과 중성, 또는 초성과 중성과 받침이 모여서 이루는 한 개의 예술품이다. 한글 음절 한 개가 예술작품 한 개인 것이다. 현대 한글 1만 1,172개의 음절이 각기 다른 작품이며, 1만 1,172개의 예술품인 것이다.

한글 활자는, 한글 음절 하나하나를 작품 제작하듯이 정성껏 완성해야 한다. 국전에 특선한 소나무 그림 한 장이나 초등학생이 그린 소나무 그림 한 장이나 같은 그

바탕체	한국전자출판교육원 eBook Academy
문화바탕체	한국전자출판교육원 eBook Academy
한컴바탕체	한국전자출판교육원 eBook Academy
함초롱바탕체	한국전자출판교육원 eBook Academy
바른바탕체L	한국전자출판교육원 eBook Academy
산돌명조L	한국전자출판교육원 eBook Academy
나눔명조	한국전자출판교육원 eBook Academy
휴먼명조	한국전자출판교육원 **eBook Academy**
본명조	한국전자출판교육원 eBook Academy
신명조	한국전자출판교육원 eBook Academy
순바탕 가는체	한국전자출판교육원 eBook Academy

림 한 장이지만, 그림의 품질에는 엄청난 차이가 있다. 그림 속에 작가의 철학이 들어 있지 않으면 훌륭한 그림이라 할 수 없는 것처럼, 한글 음절 1개에도 제작자(디자이너)의 철학이 들어 있어야만 훌륭한 글자꼴이라고 할 수 있다.

문화부에서 주체가 되어 개발한 한글 문화바탕체는 원래 목적이 교과서 본문용 글자꼴 개발이었으므로, 자라나는 초등학생들의 성격이 온화하고 은근하도록 자소의 굽은 정도를 크게 하여 부드러운 느낌이 들도록 제작했다. '우리 민족의 발전을 생각하고' 제작한 문화바탕체와 그런 생각 없이, 아니면 도리어 '한국 민족 잘되지 말아라'라는 생각을 하고 제작한 글자꼴과는 차이가 있게 마련이다.

33. 명조체가 아니라 본문체

책의 본문에 주로 사용되는 본문용 활자는 본문체라 칭하고 본문체 안에 명조체, 궁서체, 해서체, 송조체, 최정호명조체 등으로 명칭이 정해지는 것인데 일제시대의 잔재로 습관적으로 명조체라고 잘못 불려오고 있다.

필기도구의 변화, 조판 방향의 변화, 문화 환경의 변화, 장기간 계속되는 남북 분단 상황으로 인한 변화 등으로 남한에서 사용하는 한글 음절 모양인 한글 자형(字形)의 표준화와 한글 글자체 관련 용어의 통일화가 요구되었다.

명조체, 고딕체, 타이틀체로 불리는 서체 이름이 인쇄출판용 조판 활자의 용도별 명칭과 혼란이 있는 것을 우선 정리해야 했다. 책의 본문 조판에 사용되는 활자의 자형은 용도별로 구분되어야 한다. 홍윤표 교수의 논문에서도 자체는 해서, 명조, 예서 등인데 미술계, 특히 디자인계에서는 자형과 혼돈하여 본문체를 명조체로 부르는 경우가 많다고 지적하고 있다.

명조체라는 명칭을 바꾸려는 노력은 1960년대 출판계와 인쇄계에서 처음 시작되었으나 1980년대 삼보컴퓨터에서 프린터를 수입하면서 '명조체'와 '고딕체'라는 용어를 사용하면서 인쇄/출판 관련인이 아닌 일반인에게도 명조체란 용어가 널리 사용되게 되었다. 1980년대부터 신구대를 비롯한 대학과 대학원의 인쇄출판학과에서 명조체라 하지 않고 '본문체'로 불렀다. 장왕사, 삼중당, 계몽사, 박영사, 현암사, 신일인쇄사 등 출판계 주니어 클럽의 회원사와 관련된 인쇄사, 출판사에서도 명조체라는 용어를 사용하지 않도록 노력했으나 1990년대까지도 본문체 대신에 명조체로 더 많이 불리고 있었다.

1991년 한글서체개발운영위원회와 한글서체개발소위원회에서 검토한 '글자체 관련 용어' 중 '명조체', '고딕체'를 '본문체', '네모체'로 변경하기로 정한 결과를 문화부에 전달했다. 자형의 명칭은 책 본문 조판의 용도에 따라 '본문체, 제목체, 필기체'로 정하는 데는 이견이 없었으나 고딕체를 용도에 따라서 '강조체'로 하자는 의견과 고딕체를 본문에 사용할 수도 있으므로 강조체보다는 형태의 특성상 돌기(세리프)가 없고 줄기가 긴네모, 짧은네모, 둥근네모 등 모두 네모로 이루어졌으므로 '네모체'로 정하자는 의견이 팽팽했다. 그러나 '네모체' 명칭이 좀 더 합리적이라는 다수의 의견을 따랐다.

국립국어원에서는 처음에는 한중일 3국이 사용하는 한자말이니 그대로 명조체로 정하자는 의견이 다수였다가, 나중에는 한자말보다는 순수한 토종 우리말을 사용하자고 강력하게 주장했다.

문화부는 1992년에 국립국어원과 최종 협의를 거쳐서 본문체를 '바탕체'로, 네모체를 '돋움체'로, 필기체를 '쓰기체'로 자형 이름을 확정했다.

1960년대 중반부터 2세 출판인(주니어클럽 새끼회)들이 주축이 되고 평화당, 신정사, 신일인쇄사, 삼화인쇄사, 유풍인쇄, 동신인쇄사, 광명인쇄 등 조판소, 제판소, 인쇄회사가 상호 협력하여 진행하던 '출판/인쇄용어의 한글화' 노력도 검인정교과서 사건 발생으로 중지되었다.

그 당시 정해졌던 용어를 정리하면 다음과 같다.

가에 → 바꾸기   구찌회 → 원색그림
오꾸리 → 면 넘기기   하시라 → 머리글(면주)
쏘강 → 상감   도비라 → 속표지
고바리 → 따붙이기(소첩)   하리꼬미 → 터잡기(대첩)
아까지 → 교정지   명조체 → 본문체
오모데 → 앞   우라 → 뒤
한사이 → 반절   가다오시 → 엠보싱

34. 자동차 값과 한글 폰트 값

자동차 가격도 천만 원부터 수억 원까지 다양하듯이 출판과 인쇄에서 사용하는 활자 한 벌의 가격도 다양하다.

갑돌이가 시골에서 평생 농사를 짓다가 근처에 지하철 역이 들어선다고 매수자가 몰려들어서 비싸게 땅을 팔았다. 돈이 생기니 서울에 아파트를 먼저 구입하고, 다음에는 자가용 자동차를 사기로 마음먹었다. "자동차 값이 얼마예요?"라고 묻자 영업사원이 답을 못한다. "무슨 용도로 사용하실 건지요? 어떤 차를 원하시나요?" "아따 이 사람, 말도 많네. 값이 얼마냐고?" 차라리 얼마짜리 자동차를 원한다고 말하면 그 금액에 맞추어 답을 해줄 수 있는데.

네이버에서 '자동차 시세'를 검색어로 찾아보면 자동차를 매매하는 수많은 상점이 나타난다. 그중에서 '다 XX 회사'를 누르니 '1신차 가격표'와 '2중고차 가격표' 항목 중에서 고르란다. '1신차'를 고르니 1국산, 2유럽, 3일본/중국, 4미국의 네 가지 메뉴가 나온다. 2유럽을 누르니까 벤츠, BMW, 아우디, 푸조, 볼보, 폭스바겐, 랜드로버, 람보르기니, 페라리, 마세라티, 롤스로이스, 피아트 등 수많은 항목이 나온다.

다음 메뉴는 경차/소형/중형/대형/스포츠카/SUV 중에서 하나를 고르고 그 다음은 연료를 고르란다. 가솔린/디젤/LPG/전기/가솔린+전기. 다음에는 옵션 항목인데 에어백, 주행 지원, 정속 주행, 편의 장치, 통풍/열선 등을 선택한다. 대여섯 가지를 지정해 주어야 판매가격이 나타난다. 그런데 그냥 "자동차 값 얼마예요?"라고 묻는 것이었다.

태어나서 자동차를 처음으로 산 갑돌이가 옆집 아저씨가 BMW 자동차를 6,000만 원에 샀다는 말을 듣고는 "세 배나 바가지 썼구먼. 나는 자동차를 2,000만 원에 샀는데"라고 중얼거린다. 갑돌이가 산 자동차는 아반떼였다.

1980년대부터 '친구가 컴퓨터 사는데 도와주지 말라'고 하는 말이 유행했었다. 애플II플러스, 아이비엠XT, 아이비엠AT 호환기종 컴퓨터가 보급되던 시절이었다. 같은 아이비엠 호환기종 컴퓨터라도 삼보컴퓨터, 삼성컴퓨터, 대우컴퓨터, 세운상가 컴퓨터 가격이 전부 달랐다. 메이커 제품이 100만 원대라면 세운상가에서 조립한 것은 80만 원대로 저렴했다. 그러나 조립품이라도 하드디스크 용량, 파워 용량, 모니터 해상도와 크기, 한글카드와 통신카드의 내장 여부 등에 따라 같은 세운상가

컴퓨터라도 가격은 수십만 원씩 차이가 났다.

이기성 원장이 잘 아는 작가 심씨와 같이 컴퓨터 상가에 나가 품질 좋은 부속을 고르고 컴퓨터 마더보드도 안정된 것으로 조합해서 추천해 주었더니 그 다음 날 전화가 왔다. 방송국 다른 작가가 자기보다 싼 가격에 조립 컴퓨터를 샀다는 것이다. 일부러 시간을 내어 좋은 컴퓨터를 적정 가격에 골라 주었는데도 업자와 짜고 바가지 씌웠다고 의심을 받던 시절이었다. 컴퓨터 기종, 본체 속의 기판과 부속품에서 차이가 나는 것은 알지도 못하고 컴퓨터라면 다 같은 줄 알고 가격을 비교하다니.

인쇄출판용 활자에는 납활자, 나무활자, 도자기활자, 사진식자활자, 디지털활자 등 여러 종류가 있지만 요새는 컴퓨터에서 사용하는 디지털활자가 대세이다. 디지털활자는 보통 폰트(font)라고 부른다. 사실 폰트는 활자 한 자가 아니고 활자 한 벌을 의미한다. 폰트도 현대한글만 있는 것, 현대한글과 영문자가 있는 것, 현대한글과 한자와 영문자가 같이 있는 것, 현대한글과 옛한글과 한자와 영문자가 있는 것 등 종류가 많다. 현대한글도 2,350자만 있는 폰트와 1만 1,172자 모두 있는 폰트로 구별된다.

단체장으로 있는 김맹추가 소속 협회장을 공금을 낭비했다고 고발했다. 주무부서에다 특별 감사를 요구했다. 자기가 속한 단체에서 몇 년 전에 폰트를 만들 때 1억 원이 들었는데, 협회에서 새로 만든 폰트는 6억 원이 든다니까, 협회장이 업자와 짜고 차액 5억 원을 해먹었다는 것이 고발 사유였다. 6억 원짜리 가치가 있는 폰트를 1억 원으로 깎은 것이 아니라 1억 원짜리 폰트를 구입했던 것인데, 폰트를 잘 모르는 김맹추는 협회장을 도둑놈이라고 동네방네 떠들고 다닌 것이다. 시골 출신 갑돌이가 BMW와 아반떼를 구분하지 못하고 둘 다 자동차니까 같은 값일 것이라고 생각하는 것과 똑같았다. 아마도 김맹추는 폰트를 제작하는데 몇 개의 위원회가 필요하고, 몇 단계를 거쳐야 완성되는지 배울 기회가 없었던 것은 아닐까?

한국에서 제대로 된 폰트 제작 방법을 몸소 체험한 전문가는 현재 많지 않다. 납활자 시절부터 사진식자활자 시절을 거쳐 디지털활자 시절 모두에서 활자를 제작해 본 경험자는 극소수만 생존하고 있다.

폰트를 제작하려면 우선 '기획 과정'을 거친다. 기획 과정 단계에서 폰트 제작의 목적, 용도, 철학 등에 대해 논의하는 것이 원칙이다. 다음은 1991년에 교과서 본문용 폰트를 제작했을 때 기획 단계에서 목표로 삼은 10가지 유의점이다.

① 한글 위주 조판용

② 가로쓰기 전용

③ 가독성(일정한 크기, 착시 고려)

④ 변별성(공간의 넓힘과 획의 명확함)

⑤ 차밍포인트 활자의 크기

⑥ 인쇄 용지 및 인쇄 방식

⑦ 미려도

⑧ 심리성(온화하고 끈기가 있도록 온화한 곡선 처리)

⑨ 시력 보호(피읖, 치읓 등 자소의 사이 띄기)

⑩ 경제성(폰트 제작 시 릭스절충형을 채택)

폰트를 제작하려면 일반적으로 3개의 위원회(한글서체개발운영위원회, 폰트개발연구위원회, 폰트검토위원회) 설치가 필요하다.

폰트 제작을 위한 기획 과정이 끝나고 실제 폰트 제작 과정으로 들어가면 첫째 단계로 원도(밑그림, 본그림) 개발 과정, 둘째 단계로 폰트 디자인(typeface design) 과정, 셋째 단계로 디지털 폰트 개발 과정 순서로 진행하게 된다.

35. 도안이냐, 디자인이냐

금속활자를 고르는 채자 작업부터 스승의 원도를 그리는 조
수 역할을 하면서 20년은 배워야 활자 원도를 도안할 자격
을 주었다.

1980년대에 들어와 새로운 전두환 정권은 야간 통행
금지를 해제하고 교복과 두발 길이를 자유화하고 국가시
험에 합격하지 않아도 해외 유학을 갈 수 있도록 허용했
다. 이 조치로 다양한 수준의 학생들이 유학을 가서 공
부하고 귀국했다. 미술 분야 유학생들은 '도안'이란 우리
말 용어를 '디자인'으로 바꾸는 데 큰 역할을 했다.

전문대나 4년제 대학을 공부하고 나서 폰트를 만들 줄
안다고 자랑하는 디자이너를 만나면 안타까운 생각이 든
다. '안을 도하는' 도안이 아니라 '도'만 할 줄 아는 초보
기술자 실력이라는 걸 모르니 말이다. 호두과자와 호두
가 없는 호두모양 과자를 구별하지 못하는 사람 같다.

이렇게 '안'이 없이 그리기만 하는 것이 디자인(도안)
인 양 잘못 알려지다보니 최근에는 표절하여 그리는 것
도 디자인이라고 잘못 유행되고 있다. 특히 활자 원도를

그리는 서체 디자이너 분야는 심각하다.

　판을 출하는 것이 '출판', 안을 그리는 것이 '도안'이다. '안'은 자기의 고유 아이디어, 즉 자기의 철학이다. '안'이 없고 '도'만 배운 서체 디자이너들이 납활자의 원도를 스캔해서 복제한 사진식자기나 디지털활자(폰트)의 원도를 사용해서 인쇄한 것은 "글자에 힘이 없고 금속활자보다 예쁘지 않다"고 저자들이 불평하여 책 전체를 납활자로 다시 조판하는 일도 벌어졌다. 사진식자 대신 납활자로 조판된 교과서를 7교 교정을 하여 OK가 나면 '전사스리'라고 아트지에 수동으로 교정 인쇄한 것을 사진 촬영하여 필름을 떠서 오프셋으로 인쇄했다.

　인쇄용 활자의 원도 도안사는 1,500~2,000개의 완성자 원도를 6cm나 5cm 사방의 네모 안에다 그리는데, 붓으로 한 글자를 한 번에 그리는 것이 아니다. 수련생이나 조수들이 스승의 글자 원도 수백 개를 두꺼운 종이에 붙이고, 이를 자소별로 오려놓고서 오려진 자소로 초성/중성/받침을 조합하여 한 개씩 글자를 조립한다. 네모 안에다 무게중심을 맞추어 조립하는 것은 결코 쉬운 작업이 아니다. 글자마다 자소의 위치 정보를 정확히 알아야 하고 네모 안에서 무게중심을 계산하고 착시도 계산해야 한다. 많은 경험이 필요하다. 그러고는 조립된 글자 위에 유산지나 트레이싱 페이퍼를 대고 연필로 자소의 윤곽 테두리를 그린다. 유산지에 연필로 그려진 글자 모양을 스승에게 검토를 받는다. 수정 후 최종 오케이가 나면 먹으로 테두리를 그리고 자소의 속을 채우는 잉킹 작업을 한다.

자기 철학이 없이 활자 원도를 그리면 손기술 연습이지 디자인이 아니다. 한국 활자 제작에 자기 '안'이 생겨서 스승으로부터 서체도안사 자격을 인정받아서 "이제 하산하거라"라는 명을 받으려면 보통 입문 후 20년은 공부해야 한다.

개인용컴퓨터가 대량 보급되자 인쇄계와 출판계에서는 실력과 경력보다는 개인용컴퓨터를 다룰 줄 알고 월급도 비교적 낮은 디자이너나 원도 개발자로 세대교체가 진행되어 갔다. 특히 조판 부문과 제판 부문이 심했다. 이 결과 과거 한글 활자의 미적디자인과 지적디자인의 수준에 못 미치는 한글 활자가 나타나기 시작했다.

책을 인쇄하기 위한 활자의 글자꼴 모양은 빠르고 정확하게 알아볼 수 있으며 일관성이 있어야 한다.

책을 조판하려면 최소 4개의 서체가 필요하다. 본문체(바탕체, 명조체), 네모체(돋움체, 고딕체), 본문제목체, 네모제목체의 4벌이다. 여기에 쓰기체(필기체), 외래어표기체, 서예체, 디자인체(그래픽체)까지 합하면 적어도 7~8년은 필요한 작업이다.

한글 음절 디자인에는 영문 디자인에서 간과하기 쉬운 지적디자인이 미적디자인보다 더 중요한 역할을 하고 있다. 한글의 지적디자인에는 알고리즘(조합이론), 한글코드, 가독성, 변별성(판독성), 경제성, 문화부 글꼴 제정 기준이 매우 중요한 요소로 작용하고, 한글의 미적디자인에는 아름다움(미려도), 크기, 균형, 조화, 착시가 더 중요한 요소가 된다. 미적디자인에서는 지적디자인의 원칙에 따른 형태를 유지하면서 디자이너의 다양한 창의성을 가미할 수 있다.

자형은 표준안이 있어야 같은 민족끼리의 의사소통에 지장을 주지 않는다. 1980년대에 이미 'ㅇ', 'ㅈ', 'ㅊ', 'ㅋ', 'ㅌ', 'ㅃ', 'ㅝ', 'ㅠ' 등 자소와 음절 모양에 자형의 변화가 많이 발견되고 있었다. 문화부는 바탕체와 돋움체 자형에 대하여 한글 글자본 제정 기준을 발표했다.

편집자나 편집디자이너는 출판물을 디자인할 때 바탕체인지, 돋움체인지, 바탕제목체인지, 돋움제목체인지, 궁서체인지, 쓰기체인지 해당 자형의 제정 기준에 맞도록 폰트디자인을 해야 한다. 한글 글자본 제정 기준에 맞추어 개발한 출판물의 본문용 폰트에는 1990년대 초에 문화부에서 개발한 문화바탕체와 2017~2018년에 한국출판문화산업진흥원에서 개발한 순바탕체가 있다.

36. '지읒'과 '워'의 올바른 자형은?

틀리게 제작하기 쉬운 한글 음절에는 '잦', '원', '균'이 있다. 자음의 '지읒'과 모음의 '워'와 '유'자를 잘못 쓴 경우가 많이 발견된다.

한글 음절 몇 개(잦, 원, 균)를 문화부가 개발한 글꼴별로 비교하면 다음쪽 그림과 같다. 신명조체, 견명조체에서 틀린 글자가 자주 발견된다. 예쁜 것 이전에 규정에 맞는 글꼴을 디자인해야 할 것이다.

한글 글자꼴을 개발할 때는 이 글자꼴이 활자로 개발되어 실제로 조판이 된 상태(한글전용 가로쓰기, 한글/한자 혼용 세로쓰기 등)에서 개발 목적에 맞는 아름답고 변별력 있고, 가독성이 높은 모습이어야 한다는 것을 중요시한다.

한글 글꼴을 평가할 때는 한글 음절을 쓰는 원칙(글꼴 제정 기준)에 부합하는가를 먼저 살피고, 맞게 쓴 글자의 아름다움에 대해 평가해야 한다. 본문용 활자를 쓰는 (디자인하는) 원칙에 어긋난 틀린 글자 모양을 디자인하는 어리석은 디자이너가 되지 말아야 한다.

[그림] 바탕체 '장원균' 자형과 자체 비교

자체(서체)	장	원	균	비고
순바탕 중간체	장	원	균	OOO
HY견명조	장	원	균	XXX
KOPUB 바탕체	장	원	균	XXX
문체부 바탕체	장	원	균	OOO
함초롬바탕	장	원	균	OXX

[그림] 바탕체 '춘향탈' 자형과 자체 비교

자체(서체)	장	원	균	비고
순바탕 중간체	춘	향	탈	OOO
HY견명조	춘	향	탈	XOO
KOPUB 바탕체	춘	향	탈	XOO
문체부 바탕체	춘	향	탈	OOO
함초롬바탕	춘	향	탈	OOO

37. 타이포그래피와 폰토그래피

타이포그래피(typography)란 용어가 외국에서 처음 들어 온 것으로 오해하는 사람들이 많다. 우리나라와 일본의 출판업계와 인쇄업계에서는 타이포그래피라는 말 대신에 '원고지정'이라는 용어를 사용해 왔다.

우리나라에서 사용되는 타이포그래피라는 단어는 디자인 업계에서 전래된 용어이다. 어원적으로 타이포그래피는 '타이프를 연구하는 학문'이라는 뜻이다. 타이프(type)는 활자, 손으로 쓰는 대신에 활자로 쓰는(치는) 기계가 타이프라이터이다. 나무활자(목활자)이건, 금속활자(연활자)이건, 도자기활자(세라믹활자)이건 활자를 연구하는 학문이라는 것이 타이포그래피의 원래 의미이다. 폰토그래피(fontography)의 어원은 '폰트를 연구하는 학문'이라는 뜻이다. 폰트(font)는 인쇄용 본문 활자를 말한다. 일반적으로 금속활자보다는 디지털활자(digital type)일 경우에 폰트라는 용어를 많이 사용한다.

우리나라에서 한글 활자의 사용 역사는 약 600년이지만, 삼국사기에 의하면 고구려의 문자(고한자) 조판 역사는 2000년 이상이 된다. 그러나 어려운 고한자(녹도문자/갑골문자)와 쉬운 고한글(정음문자/가림토문자)의 두 종류 문자가 단군조선(고조선) 시대에 이미 사용되었다는 기록도 있으니까 우리의 한글 활자 역사는 고한글인 가림토문자로부터 계산하면 4514년이 된다(BC 2181년에 단군조선 3세인 가륵단군이 정음 알파벳 38자를 만들어 가림토문자라 불렀다).

삼국사기에 '고구려에는 건국 초(기원전 37년)부터 문자가 있어서 역사를 기록한 유기가 100권이 있었는데, 서기 600년 영양왕 11년에 이문진이 100권을 5권으로 요약하여 간행했다'는 내용이 나온다. 이때 사용된 문자가 한자이든 아니든 간에 책 100권을 조판하여 제작할 수 있는 완벽한 문자임에는 틀림이 없다. 2049년 전 고구려 건국 초기에 100권의 역사책을 발간했다면, 편집자는 100권의 책을 원고지정했을 것이고, 이것을 요샛말로 바꾸면 100권의 책에 대한 타이포그래피 작업이 이루어졌다는 것이다.

젊은이들이 좋아하는 말로 타이포그래피를 정의한다면, '문자디자인'이라고 한마디로 정의할 수도 있다. 이에 비해 인쇄용 본문 활자를 디자인하는 폰토그래피는 '활자디자인'이나 '활자용 문자디자인'이라고 할 수도 있다. 어떤 책을 출판할 것인가를 정하고 원고를 준비하고 나면, 원고의 조판 체제, 즉 어떤 글자꼴(서체)의 활자, 어떤 크기, 1행(한 줄)의 길이는 얼마(몇 자), 줄과 줄 사이는 어느 정도로 띌 것인가, 1페이지에 몇 줄을 조판할 것인가,

제목은 어떤 식으로 조판할 것인가 등을 정하는 것이 편집(디자인) 단계에서 할 일이다. 편집에서 하는 이런 일의 대부분이 바로 타이포그래피의 영역에 속한다.

한국 출판업계와 인쇄업계에서는 '원고지정'을 '할부(와리쓰께)'라고도 부르고 있었다. 일반적으로 편집자가 제일 처음 배우는 일이 교정 작업과 원고지정 방법이다. 그러나 개인용컴퓨터를 잘 취급하는 젊은 편집자나 젊은 디자이너가 출판계에 입문해 자리를 잡자, 전통적으로 사용되던 '원고지정' 대신에 '타이포그래피'라는 용어가 그 자리를 대신하고 있다. 편집자의 3대 역할에는 필자의 역할, 독자와 평론가의 역할, 디자이너의 역할이 있다. 이 중에서 디자이너의 역할이 바로 원고지정 작업을 하는 일이고, 이 원고지정 작업이 디자인 업계에서 문자디자인(타이포그래피)이라고 불리는 것이다. 원고지정을 하기 위해서는 레이아웃을 미리 잡아야 하는데, 이 레이아웃 과정을 디자인 업계에서는 편집디자인이나 북디자인 작업이라고 부르기도 한다.

타이포그래피(typography, 원고지정, 문자디자인)는 '활자 제작과 디자인' 그리고 '조판 방법과 조판된 상태의 디자인'에 관한 모든 것을 의미한다. 한글 타이포그래피는 한글 활자로 조판하거나 한글 글자를 사용해 단행본, 교과서, 잡지, 신문 등 출판물이나 포스터, 카탈로그, 카드, 팸플릿, 브로슈어 등 소책자를 시각적으로 아름답고 조화가 이루어지도록 배치하고 구성하는 모든 작

업을 말한다.

폰토그래피(fontography, 활자디자인)는 본문 인쇄용 활자의 디자인을 의미하는데, 타이포그래피와 같은 뜻으로 사용되기도 한다. 그러나 정확히 말한다면, 넓은 의미의 타이포그래피에 폰토그래피가 포함된다. 특히 로만 알파벳을 사용하는 출판물에서는 폰토그래피와 타이포그래피의 차이가 그다지 문제가 되지 않는다. 소책자용 타이포그래피나 출판물 본문용 타이포그래피나 52개의 알파벳(대문자와 소문자)만 그리면 모든 문장의 단어를 완성할 수 있다.

반면에, 한글 타이포그래피와 한글 폰토그래피는 크게 차이가 난다. 소책자용 타이포그래피에서는 그 포스터나 카드에 등장하는 음절 10개나 20개만 그리면 문장을 완성할 수 있지만, 한글 출판물용 타이포그래피, 즉 한글 폰토그래피는 최소한 1,600개 이상의 음절(한글 글꼴 한 벌)을 그려야 한글 문장을 완성할 수 있는 것이다. 그러므로 한글 타이포그래피에서는 좁은 의미의 타이포

그래피(소책자용 타이포그래피)와 폰토그래피(출판물 본
문용 타이포그래피)가 구별되는 것이다.

책의 본문을 조판할 때의 한글 타이포그래피 요소를
살펴보면, ① 한글 활자의 구조 및 종류와 형태(서체와
크기는 물론 자소간의 속공간 등) ② 활자의 느낌과 표
정(서체의 색상 등) ③ 조판된 결과의 글자 블록(글무리)
의 구조 표현(자간, 행간, 단 길이, 단 간격, 조판 형식
등) ④ 본문용 서체, 제목용 서체, 장식용 서체의 적절한
사용과 조화 문제 ⑤ 각종 조판용 약물과 디자인 요소를
효과적으로 사용해야 하는 등 여러 요소가 존재함을 알
수 있다.

한글은 시청각적 글자이므로 한글 활자를 디자인하거
나 활자 배열을 할 때에는 그 음률과 철학에도 신경을
써야 한다. 우리가 사용하고 있는 한글은 자유로운 비
화성음인 자유음(free tone)이며, 로만 알파벳의 평균율
(equal temperament) 대신 인간적인 생체 리듬을 반영했
기에 인쇄된 글자에도 그러한 정서적 요소가 요구됨은
필연적 사실이다.

예를 들어, 자음이든 모음이든 그 자소를 표현함에 있
어 시작과 중간, 끝의 성격이 서로 달라 그 조화와 배합
에 있어 마치 그림을 그릴 때처럼 미의식의 시각 조형화
작업과 거의 일치함을 알 수 있는 것이다. 그러므로 한
글 음절과 문장은 독특한 서법으로 발전해 서예, 서도라
는 특별한 정신문화적 대상에까지 이르게 되었다.

38. 한글 활자 원도 제작의 선구자들

한글 활자 원도 제작의 선구자는 김영작, 백학성, 최정순, 최정호 선생이라고 할 수 있다. 한글 활자 원도의 최초 제작자인 김영작 옹의 서체는 류현국 교수가 집필한《한글 활자의 은하계》책에 수록되어 있다.

미군 군정시기인 1945년(단기 4278년) 10월 창립한 도서출판 장왕사(동지사)에서 지도를 제작하던 원로 제도사인 김영작 옹이 국내 최초로 지명 표기용 한글 서체 원도 한 벌씩을 완성했다. 네모체(고딕체), 굴림체, 제도체(지도는 강, 산, 국가명, 도시명의 서체가 각기 다르다)를 제작해서 제자들에게 교육을 시켰다. 이기성 원장이 1964년 장왕사에서 김영작 옹에게 제도를 배울 당시에 보면 옹은 60대의 나이였지만 금주, 금연 등 자신의 관리에 엄격하여 그 나이에 손을 떨지 않고 작은 크기의 글자를 직접 제도할 수 있었다.

김영작 옹은 인쇄할 때도 오프셋 인쇄기 앞에서 색교정을 보고 옹이 직접 오케이를 해야만 주문이 10만 부가 넘는 지도를 인쇄할 수 있었다. 지리부도에서는 8색 중에서 평야색인 초록색이 책 전체의 색감을 판단하는 데

아주 중요한 키가 된다.

사륙반절 아트지(100아트, 120아트)에다 앞뒤로 8도씩 인쇄하는데 1도만 잘못되어도 16도를 다시 인쇄해야 하니 인쇄소에서도 저자나 출판사 측의 오케이 사인을 받지 않으면 인쇄기를 돌리지 않았다.

지도 지명 표기용 서체는 젖빛유리, 습판(달걀흰자), 스트리핑 필름, 인화지 사진식자의 원도로 사용되었다. 이 글자로 제도된 지리부도는 1952년에 '중학교 사회생활부도'라는 과목명으로 문교부 검정을 취득했다. 1956년 발행된 《신우리나라 지도》도 같은 맥락이었다.

교과서용 활자는 1952년에 한글 활자 원도 디자이너 최정순 옹(1917~2016)이 문교부의 국정교과서 활자 원도를 제작하고 1954~1956년에 평화당인쇄 활자의 원도를 제작했다. 1955~1957년에 역시 한글 활자 원도 디자이너인 최정호 선생(1916~1988)이 동아출판사와 삼화인쇄의 활자 원도를 그렸고, 1966년에는 광명인쇄사(이학수 사장)의 의뢰로 도서출판 장왕사 교과서용 활자 원도를 도안했다. 이 활자 원도는 고려서적(당시 광명인쇄)에서 자모를 개발해 장왕사의 중·고등학교 교과서를 조판하는 데 사용되었다. 이 활자 자모는 서대문 신일인쇄사와 법문사인쇄소에서도 사용됐다.

1970년대에는 김화복, 곽훤순, 등사기용 네모꼴 한글체의 원성훈(원종남) 등이 한글 글꼴을 발전시켰다.

1988년에 73세로 별세한 최정호 선생은 궁서체의 붓

글씨 모양과 박경서 선생의 활자 글꼴과 백학성 선생의 글꼴을 참조하여 새로운 모양의 한글 원도를 제작했다. 2016년 100세의 나이로 타계한 최정순 옹이 1954년에 발견한 백학성(조선 후기의 활자 조각가) 선생의 활자 원도를 참조하여 최정순 옹의 평화당인쇄 활자와 최정호 선생의 삼화인쇄 활자가 탄생했다. 초전활판제조소(初田活版製造所) 활자견본(글자본)의 원도를 백학성 선생이 그렸다.

최정순 옹과 최정호 선생은 한글 글자 도안(디자인)을 계속 연구해서 여러 벌의 한글 글자 디자인 작품(원도)을 남겼다. 그러나 한국의 글자 디자이너는 경제적으로 어려웠다. 최정호, 최정순, 김영작 선생의 활자로 한국의 출판사와 신문사, 인쇄사는 돈을 벌었지만 글자 디자이너에 대한 대우는 좋지 않았다. 그런 현실에서도 한국 시장에 진출하려는 일부 일본 회사들은 활자 원도 제작비용을 지불했다. 당시 원도 제작비는 1자당 1불(당시 400원)이었고, 1990년 문화바탕체 원도는 1자당 4만 원이었다. 사실 1990년 초 문화부에서 한글 서체를 발표할 때까지 컴퓨터를 사용하는 전산조판(CTS), 전산사식용 한글 활자와 사진식자는 모두 일본제 한글 활자를 사용하고 있었던 것이다.

1950년에 단식인쇄용 공판타자기와 국한문타자기(한글 1,500자, 한자 1,500자)를 개발한 장봉선 선생은 1965년에 한글 명조체와 세고딕체 활자를 제작했다.

한편, 유명한 한글 서체 디자이너인 박경서 선생은 일제 강점시대에 한글 도안을 지켜온 공로가 크고, 월북도 하지 않았던 애국자였는데, 광복 초에 정부의 배려로 약간 활동을 하다가 6·25 남침 이후 빛을 보지 못하고 1960년경에 돌아가셨다.

최정호 선생 역시 장봉선 선생의 남대문 사무실 일부를 빌려서 사용할 정도로 생활이 어려웠다. 경제에는 별로 신경을 안 쓰는 자유인인 최정호 선생은 1988년에 돌아가실 때까지 신수동 장왕교재연구원(진명문화사)에서 활자 디자이너로 자리를 지켰다. 일반적으로 단행본 서체의 최고는 최정호, 신문 서체의 최고는 최정순으로 알려져 있으나 두 분 다 단행본, 신문 어느 분야에도 최고의 한글 서체(정체/장체/평체)를 디자인할 능력이 있는 분이었다. 박경서 선생에 비하면 최정호 선생은 정부의 훈장도 받았고, 자그마한 연립주택이라도 있었다.

사실 박경서, 최정호, 최정순 이 세 분의 도안사는 현대 한글 활자 원도 디자인의 대부이며 그 공적은 각기 기념관을 세워 존경해야 할 국보급 활자 디자이너임이 틀림없다. 최초의 한글 디자이너에 장봉선(장타이프사) 대표를 포함시키기도 하지만 1971년 5월 15일자 '인쇄문화시보'에 최정호가 1961년부터 1968년까지 장타이프사 사무실에서 서체를 개발했다는 내용과 이 시점에 장봉선은 모리사와에 최정호의 원도를 판매했다는 기록이 있으므로, 장봉선 대표가 한글 활자를 보급시키는 데 큰

기여를 했지만 당시에 직접 원도를 개발한 것은 최정호 선생인 듯하다.

일본에서는 1925년에 이시이(石井茂吉)와 모리자와(森澤信夫)가 사진식자기를 발명했다(1921년에 개발에 착수하여 제1호기가 출시된 것은 1925년이다). 1960년대에 일본에서는 수동 사식기는 물론, 미니컴퓨터급 이상의 컴퓨터에서 디지털활자를 사용한 세로짜기 CTS 시스템이 실용화되어, 헤이본샤, 고단샤, 각겐 출판사 등에서 백과사전과 학습지 조판 등에 사용하기 시작했다.

한편, 1946년 2벌식 타자기를 개발한 장봉선(장타이프사 대표)은 1948년 1월에 일본 동경에서 가와바다(川火田光志)와 공동으로 공판타자기와 사식기를 연결한 공판사식기 개발을 거의 완성했지만 1950년 6·25전쟁으로 중단되었고, 그후 1971년 10월에 국산 CH-B 만능형 사진식자기 5대를 개발했다. 1971년 일본에서는 고단샤, 헤이본샤, 각겐 출판사에서 중형컴퓨터를 사용한 CTS 시스템을 사용했다(JEM-3850).

39. 지도의 한글 글자는 레터링

글자를 그리거나 쓰는 것은 펜촉과 펜이 분리되는 마루펜을
사용하는데, 마루펜으로 글자 제도하는 것을 보통 레터링이
라고도 불렀다.

한국 출판사에서 1970년대까지는 제도사가 글꼴 도안
사 역할을 겸하고 있는 경우가 많았다. 신문사도 제목체
는 제도사가 레터링으로 글자를 썼다. 제도는 마루펜과
단선 오구(drawing pen)와 쌍선 오구(철도, 도로 제도용)
를 사용하여 지도의 해안선, 등고선, 도로, 철도, 온천,
광산, 화산, 논 기호를 기록한다.

지도를 제작할 때는 제도판과 글자판을 한 개의 판으
로 제작(글자 제도)하는 방식과 제도판과 글자판을 따로
따로 제작(글자 도안)해서 하나로 합치는 방식이 있다.
장왕사에서는 제도용 한글과 한자 디자인의 최고 명인인
김영작 옹을 제도실장으로 모셔서 김수길, 정해심 등 젊
은 제자를 양성했다. 당시 일본에서는 니노미야(二宮)출
판사, 데이고쿠(帝国)서원이 지리부도를 잘 만드는 출판
사였고, 지도 제도용 용품은 기모토 회사가 유명했다.

지도용 한글과 한자의 조판 방법에는 다음 네 가지가 있었다.

1. 해먹으로 원판에 쓰기(음각, 양각)

2. 습판(습식 조판) 글자 + 제도원판에 붙이기

3. 건판(건식 조판) 글자 + 제도원판에 붙이기

4. 스트립 필름(strip film) 발명 이후에는

4-① 먼저 트레이싱 페이퍼에 손으로 쓴 글자를 얇은 스트립 필름으로 만들고, 이 글자를 펜으로 그린 제도판(양판)에 직접 붙이는 방법이다.

4-② 투명 필름을 스크라이빙(scribing)된 제도판 위에 덧대고 스트립 필름 글자를 잘라서 붙이고, 이 글자가 붙은 투명판을 밀착하여 글자가 붙은 음판(nega film)을 따로 만든다. 다음에 해안선, 국경선, 강, 산, 도로, 도시기호 등이 제도된(scribing) 판을 글자만 붙은 음판과 2중으로 밀착하여 제도선과 글자가 함께 있는 완성된 한 개의 양판(posi film)을 제작하는 방법이다.

제주도 지도(8색으로 인쇄)

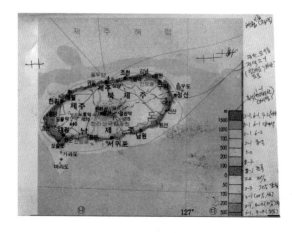

분판된 청색 글자판과 제도판(posi)

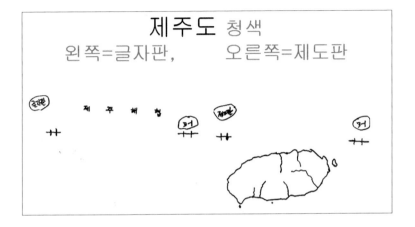

　제주도 해안선이 그려진 오른쪽 제도판 위에 투명 필름을 올려놓고 제주도 해안 북쪽에 '제 주 해 협'이라는 글자를 붙인다.

분판된 흑색(검정색) 글자판과 제도판(posi)

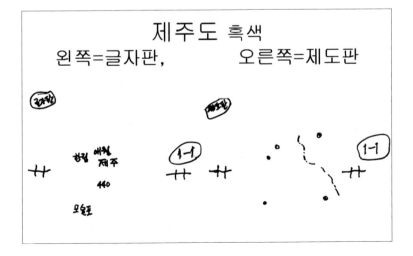

맨 밑에 제주도 해안선을 그린 제도판을 대고 그 위에 경계선과 도시 기호가 그려진 흑색(검정색) 제도판을 겹쳐 올려놓고서, 또 추가로 투명 필름을 대고서 도시 이름 '한림', '애월', '제주', '모슬포' 그리고 산 높이인 '440' 글자를 붙인다.

투명 필름에 글자들을 붙인 글자판

글자판(위)과 제도판(아래)

투명 스트립 필름 발명 이전

스크린톤이나 글자용의 투명한 스트립 필름의 발명은 지도 제작에서 가장 힘들었던 도시 이름이나 국가 이름, 산 이름, 강 이름 등 글자를 제도하듯이 직접 제도판에 써넣어야만 하던 제도사에게는 구원의 손길이었다. 도로, 강, 해안선, 철도, 국경선 등 선만 잘 그리면 글자를 제도할 줄 몰라도 지도 제도팀에서 일할 수 있게 된 것이다. 활자조판을 하여 아트지에 지명 글자를 인쇄하거나 사진식자기로 지명을 인화지에 뽑아내어 이 지명들을 한 개씩 잘라내서 제도판에 붙이는 방법이 가능해진 것이다.

그러나 제도판에 글자를 쓰지 않고 글자를 붙이면 풀의 점성과 두께로 인하여 촬영했을 때 글자의 농도가 진해지거나 엷어지는 문제가 발생한다. 촬영 시 글자가 인쇄된 0.3mm 두께의 종이(아트지)나 인화지의 0.3mm 두께와 0.2mm의 접착제(풀) 두께가 합쳐지면 제도면과 글자면의 높이가 0.5mm 이상 차이가 나서 글자 본연의 농도가 달라진다. 또 글자가 그려지거나 인쇄된 종이(인화지)의 잘린 주변에 생기는 그림자로 인하여 촬영된 양판 필름에 글자 테두리에 선 모양 등 지저분한 용골(요고레, *汚れ*)이 생긴다. 이걸 양판에서 칼로 긁어내면 그 부분의 표면이 매끄럽지 못하고 거끌거끌하여 먼지가 들러붙는다. 용골은 오점이나 더러움을 뜻하는데 필름뿐 아니라 인쇄용 징크판에 묻은 불필요한 더러운 점도 용골이라 부른다.

따라서 촬영 후 음판에서 양판으로 밀착하기(뒤집기) 전에 반드시 용골 자국을 음판에서 먹이나 오페큐로 칠하거나 검정색이나 빨간색 종이로 가려주어야 한다. 촬영을 한 음판에는 바늘구멍만 한 크기의 흰 부분이 많이 생기는데 이를 막아주지 않으면 양판에서 까만 점으로 나타나기 때문에 반드시 음판수정(nega 수정) 작업이 필요하다.

제판실의 소첩 작업
1. 소첩(고바리) 작업
사진판(nega) 필름을 본문 음판필름(nega film)의 위치와 크기에 맞게 오려서 투명테이프로 고정시키는 작업
2. 사진의 이름이 빠졌을 때
사진 이름 글자의 음판필름을 칼로 오려서 본문음판의 해당 자리에다 잘라서 붙이고, 밀착을 해서 완전한 양판을 만든다.

납활자 조판 시절에 그림이나 활자가 준비 안 된 커다란 글자나 장식을 넣은 글자는 촬영하여 인화는 아연판을 부식시켜서 볼록판(선화볼록판, 線畵凸版)을 만들어 조판을 하고 활판인쇄기로 인쇄했다. 아연 볼록판을 돗판으로 불렀는데 돗판을 만드는 공장을 독빵집이라 불렀다. 망점(하프톤) 방식이 발명되기 전까지는 그림에 음영을 넣을 수 없어서 선으로만 그렸다. 화가가 본문에

들어가는 삽화를 그릴 때도 반드시 선만 사용하여 선화(線畫)를 그렸다. 색칠을 하지 않고 선으로만 그린 그림이 선화인데 책의 삽화 이외에 만화가 대표적이었다. 선으로만 그린 그림을 촬영한 사진도 선화라고 불렀다.

망점을 사용하는 기술이 발명되자, 흑백이나 단색 선 그림에 어둠과 밝음을 망점의 크기의 변화로 나타낼 수 있어서 사진볼록판이 탄생했다. 사진볼록판을 사진독빵이라 불렀다. 선화에도 음영을 넣을 수 있어 망돗판이 탄생했다. 아연보다는 구리가 더 섬세하고 강해서 사진판이나 채색이 된 선화는 구리로 만든 동판으로 만들었다. 책 앞의 원색사진 부분이나 고급 컬러물은 동판을 떠서 인쇄를 했다. 흑백 단도 인쇄물도 3만 통이 넘으면 납으로 만든 연판 위에 동메끼를 해서 활판 인쇄를 했다.

오프셋 인쇄술이 발명된 후에는 활판 인쇄에 사용되는 연판(鉛版) 대신에 징크판(zinc판, 아연판)과 알루미늄판이 사용되고 지형과 연판은 필름으로 대체되었다. 오프셋 인쇄에서는 사진과 그림은 물론 본문 조판 부분도 페이지별로 사진 촬영을 하여 음판을 만들고 이를 한 페이지씩 밀착하여 양판을 만들었다. 양판을 앞뒤 페이지가 맞도록 8쪽이나 16쪽씩 정리하여(터잡기, 하리꼬미) 널따란 투명 아스테이지에 붙이는 대지(臺紙)작업을 한다. 한 페이지씩 촬영한 본문 음판과 그 페이지에 들어가는 사진 음판을 본문 음판에 오려 붙이는 작업을 소첩(고바리)이라고 한다. 페이지별로 소첩을 마쳐야 양판으로 만든다.

1970년 당시 한국에서 사회과부도, 지리부도, 역사부도를 제작하는 방식에 대해서는 대한출판문화협회에서 매달 발행하는 〈월간 출판문화〉 1984년 9월호의 '지도 제작과 원가 계산'에 나와 있다. 검인정 심사용 지리부도는 물론 검인정 심사용 교과서의 문교부(교육부)에 제출하는 심사본 조판 규정에 따르면, 1960년대는 심사본을 프린트로 등사해서 제출했는데, 지리부도는 3색의 등사잉크로 등사해서 제출했다. 그 다음번 교육과정에서 검인정 심사할 때는 교과서는 활판 조판, 지리부도는 3색 오프셋 인쇄본을 제출했다.

1960년대 검인정교과서 제출 규정은 몹시 까다로웠다. 1960년대의 검인정교과서 제출 규정에 따르면, 중학 사회과부도와 고등 지리부도, 고등 역사부도는 등사판으로 인쇄한 3색본과 추가로 1권은 3색본에다 색연필로 채색한 것을 1차 심사본으로 요구했다. 3색본은 한 페이지에 흑색, 적색, 청색의 등사용 잉크로 세 번 인쇄한 책을 말한다. 가정, 지리, 작문 등 일반 교과서의 검정본은 흑색 1도여서 교수가 원고를 가져오면 편집에서 내용 교정과 맞춤법 교정을 보고 윤문을 한 다음, 필경사가 쇠줄판에 대고 초를 입힌 원지에 철필로 글자를 써서 검정잉크와 등사기로 인쇄를 하고 철심을 박는 호부장으로 제책하여 백표지를 씌워 제출했다.

고등학교 은행부기, 상업실천, 상업부기, 경영대요 등 적색글자로 쓰는 전표나 장부가 삽입되는(오리꼬미) 경우에는 흑색 잉크 부분을 먼저 등사하고 핀트를 잘 맞추어 적색 잉크로 추가 등사했다. 생물 교과서에 들어가는 동맥, 정맥, 세포막 설명 그림 등은 1차 검정 시험에 합격한 뒤에 2차 검정본 제출 시 심사본의 원색 페이지(口絵) 부분에다 오프셋으로 인쇄하여 추가한다. 이때, 원지에 글자를 쓰는 것은 문제가 없는데 지리부도용 서체 글자를 쓰는 것은 지도 제도 전문가가 아니면 쉽지가 않았다.

1982년에 《장왕사 사회과부도》를 3색도로 제도하고 편집하여 백표지를 붙인 뒤에 문교부에 1차 심사본(3색도)을 제출했는데 1983년 7월 29일 날 문교부검정 1차 합격 발표가 났다. 2차 심사본을 8색도로 편집하고 가인쇄본을 제출하여 1984년에 완전 합격했다는 표시인 검정번호를 받았다.

트레이싱 페이퍼에 마루펜과 먹으로 제도하는 지도 제작 방식은 1970년대 중반부터 서서히 빨간색으로 코팅이 된 시트를 열핀(heating pen)의 열로 녹여서 선을 제도하는 스크라이빙 방식으로 바뀌기 시작했다.

먹으로 트레이싱 페이퍼에 제도하면 제도판은 양판(positive)이 되어 도시명이나 강 이름 등 글자를 제 위치에 붙이기는 쉽지만 트레이싱 페이퍼가 신축이 일어나거나 접착제 영향으로 종이의 거죽이 우글쭈글하게 주름이 잡히기 쉽다. 또 마루펜으로 해안선이나 등고선을 일정하게 얇은 두께로 그리는 기술은 오랜 숙련을 요한다.

신축이 없는 아스테이지나 투명 필름에 빨간색의 아주 얇은 필름을 코팅을 하고 해안선이나 등고선의 곡선을 따라서 열핀으로 얇은 필름을 녹이면 가늘고 일정한 선을 제도해 낼 수 있다. 스크라이빙 시트(Scribing Sheet) 란 폴리에스트로 베이스상에 차광성과 삭각성(削刻性)을 갖춘 피막을 형성시킨(한 꺼풀 입힌) 필름을 말하는데, 일반적으로 지도 원도 작성에 가는 선을 파내는 제도(묘각 제도)용으로 사용되는 필름이다. 그러나 스크라이빙 제도된 시트는 양판(positive film)이 아니라 음판(negative film)이 된다. 글자는 별도로 투명한 필름 위에 투명한 접착제로 붙이고 이 글자판을 촬영하여 음판을 만들어서 스크라이빙된 시트와 함께 2중 밀착(べたやき, Contact copying)을 하여 1개의 완전한 양판을 만들었다.

지도에서 해당 자리에 붙일 글자(도시명, 강 이름, 국가명 등)는 1970년대까지는 납활자 조판을 하고 아트지에 전사스리(転写刷り)를 하고 그 글자들을 오려서 트레이싱 페이퍼에 풀로 붙였으나 1980년대에 들어와서는 글자를 사진식자기로 인화지에 출력하여 오려서 사용했다.

일반 교과서 본문은 검정색 1도로 인쇄하지만 지리부도는 8가지 색으로 인쇄한다. 지도의 글자는 검정색뿐만 아니라 빨강, 파랑색으로도 표현한다. 컬러 인쇄를 하기 위해 원고로부터 4색으로 색을 구분한 네거티브(음판)를 만드는 것을 색분해(color separation, 色分解)라고 한다.

컬러 사진을 분해하면 4색의 CMYK 필름이 출력되지만, 지리부도나 사회과부도의 지도는 사진과 다른 방법으로 색분해를 해야 한다. 4색의 컬러 사진보다 2배나 더 섬세하고 정확한 8색으로 구별하는 것(8색 색분해)을 교과서용 지도는 요구하기 때문이다. 심사본의 예를 들어 빨강, 파랑, 검정의 3색으로 제도된 지도일 경우에 파랑색은 15%, 20%, 30%, 35%, 40%, 100%의 6단계의 망점으로 바다를 표시했다. 망점(half tone) 대신에 선(line)으로 표시하는 것도 가능했다.

파랑색은 바다의 깊이 이외에 강 이름, 바다 이름, 해협 이름, 만 이름, 해수욕장 표시, 해안선, 강 등에 사용했다. 빨강색은 특별시와 도 이름, 도 경계선, 공원 이름, 등대 표시, 국경선, 지명찾기용 숫자 및 글자 등에 사용했다. 검정색은 도시 이름, 산맥 이름, 도 경계, 국경, 섬 이름, 산 표시, 도시 기호, 철로, 광산 표시 등에 사용했다. 3색본으로 제출하는 지도인데, 바다를 하얗게 두고 해안선만 제도한 검인정용 제출본보다, 바다에 망점이 깔리고 바다의 깊이가 나타나는 검인정용 제출본 지도에 심사위원이 심사 점수를 더 주는 것이 당연했다. 8색 지도는 3색으로 교육부에 제출하여 검정 시험에 합격한 연후에 작성할 수 있다.

지리부도 편집에 대하여는 2004년 서울출판미디어에서 발행한 《개정판 출판개론》 책의 부록 5 '8색 컬러 원고 편집과 제작'에 컬러 인쇄로 설명된 부분을 참고했다.

〈부록 그림 5-3〉의 8색 분해된 지도의 범례를 살펴보자.

1982년에 3색으로 제작하여 1983년 7월 29일에 '84-2051' 번호로 합격 발표가 나고 나서, 1983년에 8색 지도로 다시 제작하여 1984년 3월부터 전국 중학교에서 사용되던 사회과부도이다.

지도에서 육지의 높이를 단계별로 구분하여 0~50m는 초록색, 50~100m는 연한 육색, 100~200m는 중간 육색, 200~600m는 육색, 600~1000m는 연한 담다색, 1000~1600m는 중간 담다색, 1600~2000m와 2000~2600m는 담다색, 2600m 이상은 중간 다색으로 표현했다. 육지의 높이는 초록색, 육색, 담다색, 다색의 4도를 사용했다. 바다의 깊이는 0~-50m가 연한 담청색, -50~-100m가 중간 담청색, -100~-500m가 담청색, -500~-1000m가 연한 청색, -1000~-3000m가 중간 청색, -3000m 이하는 청색으로 구분되고 있다. 담청색과 청색의 2도로 바다를 표시했다. 육지 4도와 바다 2도, 그리고 지명, 국경 등에 검은색과 빨강색의 2도를 사용했으므로 총 8도가 되어 교육부에서 지정한 8도를 맞추었다.

1980년대에 한국에서 4도 미술 교과서를 편집할 수 있는 편집자를 구하는 일도 쉽지는 않았지만, 8도 지도까지 색분해하고 편집할 수 있는 편집 총책임자는 아주 드물었으며, 전국에서 10여 명 정도였다.

40. 녹도문자와 가림토문자

지금 우리가 한글과 한자를 둘 다 사용하는 것처럼 단군조선 시절에도 고한자와 고한글을 둘 다 사용했다. 녹도문자가 발전된 갑골문자가 고한자이고, 가림토문자가 고한글이다.

동양에서 문자는 녹도문자에서 갑골문자로 발전하고, 이는 고조선 시대에 이르러 동이족의 한자(고한자) 발명으로 발전했다. 한편으로는 단군조선 초기에 곡물을 측량하는 도량형기를 표준화시키기 위해 백성들이 쉽게 사용할 수 있는 문자의 필요성을 절감하고 새로운 문자인 가림토문자를 발명한다. 또 다른 새로운 문자인 정음문자(고한글)가 발명되어 문화의 기록과 국가 단위의 통치를 가능케 하는 원동력이 되었다.

단군조선 3세 가륵단군 때인 경자 2년(BC 2181)에 정음(알파벳) 38자를 만들어 가림토문자라 불렀다는 기록이 있다. 어려운 고한자(녹도문자/갑골문자)와 쉬운 고한글(정음문자/가림토문자)의 두 종류 문자가 단군조선 시대에 사용된 것이다. 고한자는 뜻글자이고 고한글은 소리글자였을 것이다. 가림토문자의 알파벳은 28개인

훈민정음보다 10개 더 많은 38개이다.

고한자인 갑골문자를 우리 동이족이 사용하던 글자이므로 고한글로 부르는 학자도 있지만, 이는 단군시대에 갑골문자만 사용했다는 가정이 전제되었을 것이다. 그러나 갑골문자와 가림토문자를 둘 다 사용하는 환경이라면 갑골문자는 고한자로, 가림토문자는 고한글로 구분하여 명명하는 것이 합리적일 것이다.

노중평 칼럼니스트의《단군세기》에 대한 해설에서 가림토(加臨土)에 대한 내용이 나온다.

"단군 제2세 부루단군 계묘 3년(BC 2238) 9월에 백성들에게 조서를 내려, 쌀되(斗)와 저울(衡)을 모두 통일하도록 했고, 베와 모시의 시장가격이 서로 다른 곳이 없으며, 백성들이 모두 속이지 않으니 어디서나 두루 편했다고 했다."

이때는 이미 난전이 서서 백성들의 시장거래가 활발했다고 볼 수 있다. 도량형(度量衡)을 통일하려면 문자가 있어야 하는데, 문자가 조시와 해시가 열리는 곳이 서로 달라서 불편하므로 제3세 가륵단군 때 경자2년(BC 2181)에 정음(正音) 38자를 만들어 가림토라 하고 사용했다. 가림토란 '나라 안에 사는 백성들인 팔가(八加)에서 쓰는 말'이라는 뜻이다.

가림토문자는 오늘날 우리가 쓰는 한글의 원형문자로 볼 수 있다. 통일된 문자를 쓰고, 도량형이 통일이 되니, 매년 물동량이 늘어서 나루와 포구를 물자의 집산지로 개방했다. 이런 곳을 진포라 했는데, 진은 강가의 돛단배가 출입하는 곳이고, 포는 바다로 들어오는 배가 짐을 부리는 곳이다. 조선의 대표적인 교역 장소는 발해만에 있는 동해빈(東海濱)이었다.

또한, 길림시 송호상 교수는 〈동이민족 논설〉 중에서 가림토문자에 대한 증언을 하고 있다.

"산동성 환대(桓臺)시에서 발굴된 가림토문자는 옛한글이다. 지하 6m 깊이에서 발굴된 녹각에 새겨진 글자(ㅅㅈ x ㅜ) 모양의 가림토문자는 C14 측정결과 3850년 전의 것으로 확인되었으니, 《환단고기》의 기록에 가림토문자가 4000년 전에 있었다는 내용을 증명하고 있는 것이다."

고한글(가림토문자)이 제작된 것이 4514년 전인 BC 2181년이므로 중국 환대시 유물의 글자는 단군시대에 사용하던 고한글인 가림토문자가 맞을 것이다.

중국에서는 5000년 전(BC 2669년경)에 3황5제 시절 가공인물인 황제의 사관 창힐이 새와 짐승의 발 모양을 따서 한자를 창안했다고 주장한다. 5000년 전에 창힐이 발명한 한자가 3058년 전(BC 1046) 주나라에서 금문(金文)체 한자로 발견되고(주나라 선왕 때 주문/대전 제작) 이것을 발전시켜 2214년 전(BC 202) 한(漢)나라 문자로 사용해서 한자(漢字)라고 주장하고 있고, 우리나라 역사학자도 이를 비판 없이 받아들이고 있는 추세이다.

그러나 우리나라에는 5910년 전인 BC 3898년에 신지혁덕이 사슴 발 모양의 글자인 녹도문자로 천부경을 기록했다는 이야기가 전해오고 있다. 이는 중국의 창힐보다 910년 전에 이미 문서를 작성할 수 있는 정도로 우수한 문자인 고한자(녹도문자)를 사용하고 있었다는 것이다. 시기적으로 보아 창힐이 창조한 것이 아니고 배달국의 녹도문자를 흉내 낸 것이 분명하다.

환국시대(BC 7197~BC 3898)에 민족의 철학을 기록한 문자인 녹도문자가 다음에 개국한 배달국시대(BC 3897~BC 2333)를 거쳐 단군조선시대(BC 2333~BC 108)에 들어와서 더 개량되고 발전되어 고한자인 갑골문자로 탄생한 것이다.

저명한 문자학자인 진태하 교수도 "단군조선 동이족이 갑골문자를 발명했다"고 저술하고 있다. 그러므로 갑골문자는 곧 우리의 고한자인 것이다. 한자가 중국 글자니까 쓰지 말자고 주장하는 분들도 있는데, 한자가 사실은 우리의 글자일 수도 있다는 점을 재고해 보는 것이 좋을 것이다.

41. 한국 출판학 연구의 태동

우리는 겉으로 보이는 것만 보고 '이것은 무엇 때문이다', '저것은 무엇 때문이다' 하고 쉽게 이야기할 수 있다. 하지만 깊이 있는 연구를 통해 본질을 파악하지 못하면 모두 수박 겉핥기식의 분석이 될 수밖에 없다.

출판산업의 흐름은 심도 깊은 연구가 없다면 제대로 된 발전 방향을 잡는 것이 쉽지 않을 것이다.

1945년 광복된 직후에는 장왕사, 을유문화사, 동아출판사 등이 초를 입힌 원지에 철필로 조판을 하는 등사방식으로 한글 출판을 시작했다. 그 후 몇 년 안 되어 6·25전쟁이 터졌고 서울지역 출판사가 대구/부산으로 피난을 가서도 교과서 출판을 멈추지 않았기에 산중턱에 천막을 치고도 학생들은 공부를 계속할 수 있었다.

한국에서 출판학 연구가 시작된 것은 6·25전쟁 피해가 복구되어 가던 1960년대 초반부터이다. 1964년 도서출판 장왕사, 1969년 을유문화사를 중심으로 본격적인 출판학 연구가 시작되었다. 또한 UNESCO의 아시아지역 출판인 교육과정도 일본 동경에서 1967년부터 실시되어 우리나라의 출판인도 매년 치열한 경쟁을 뚫고 합격하면

장학금을 받고 출판교육 연수를 받을 수 있었다. 우신사의 노양환 대표, 을유문화사의 박일준 편집장, 1971년 장왕사의 이기성 편집부장과 을유문화사 정필영 상무, 1979년 북디자이너 정병규 등이 일본 유학파이다.

1964년부터 정식으로 출판교육이 진행된 장왕사에는 최근까지 《편집의 바이블》이란 이름으로 당시에 사용되던 몇 권의 교재가 전승되었다. 장왕사의 출판교육 모임 중에서 출판사 2세를 중심으로 주니어클럽(일명 새끼회)이 있었다. 박영사의 안종만, 을유문화사의 정필영, 계몽사의 김춘식, 장왕사의 이기성, 삼중당의 서건석, 현암사의 조근태가 자주 모이는 편이었다.

일본 출판연수에 다녀와서 출판학 연구에 눈을 뜬 노양환(삼중당)과 박일준(을유문화사)이 체계적인 출판연구의 필요성을 느껴 안춘근(을유문화사), 민병덕 등과 함께 1969년 출판연구회를 시작한다. 을유문화사 주도

로 시작된 출판연구회는 현 한국출판학회로 이어진다.

1988년에는 전자출판학회가 창립되었고, 1990년에는 출판학을 연구하는 대학교수가 중심이 되어 출판문화학회가 창립되었다. 2005년에는 출판콘텐츠학회가 창립되었고, 2018년 4월에는 한국편집학회가 창립되어 콘텐츠 개발 및 편집도구 개발을 위해 연구하고 있다.

한국출판학회에서는 학회지 〈출판학연구〉를, 출판문화학회에서는 학회지 〈출판잡지연구〉를, 한국편집학회에서는 학회지 〈편집학연구〉를 발행하고 있다.

42. 디지털 한글에 대한 다양한 연구

북한에서 필요한 논문을 우리 정부에 요청한 적이 있다. 이
때 한글 서체와 관련된 논문은 동국대학교 언론정보대학원
출판잡지전공 졸업생들이 쓴 석사학위 논문이었다.

소리글자인 한글에 대한 학술적 연구는 국어학, 국문
학, 음성학, 기호학, 국어정보학 등 여러 분야에서 접근
이 가능하지만, 출판 분야와 인쇄 분야에서는 눈으로 볼
수 있는 최종 형태(매체)로 완성되는 활자(폰트)의 도안
(디자인)과 제작에 관한 연구가 활발하다. 1991년부터
디지털 한글에 관한 석사논문이 나오기 시작하여 지금까
지 꾸준히 연구가 진행되고 있다.

1991년에 동국대 언론정보대학원의 석사논문에서 국
내 최초로 한글 음절을 과학적인 방식으로 분석하고 디
지털 한글 글자 표현에 대해 연구한 결과물이 출현한다
(손애경의 '전자출판에 있어서의 바람직한 한글코드 설
정에 관한 기초적 제언). 1992년에 발표한 박시형의 석
사논문은 디지털 한글 글자를 사용하는 한글 워드프로세
서에 관한 연구인 '컴퓨터 편집 시스템(CES) 구현을 위

한 한글 워드프로세서 기능 개선에 관한 연구'이다.

　1993년에 오정금의 '자소조합에 의한 전자 출판용 본문체 개발 및 미려도 연구', 1994년에 김진하의 '디지탈 자소의 위치 이동에 의한 경제적인 CTS용 한글 글자꼴 구현 방식에 관한 연구' 석사논문도 발표되었다.

　2000년 황화선의 '출판디자인용 한글 폰토그래피에 관한 연구', 2005년 지유경의 '가로 간판에 나타난 한글 음절의 타이포그래피에 관한 연구', 2006년 이한나의 '한글단행본의 표지, 본문 타이포그래피 연구 분석'이 이어진다. 2008년에는 김태경의 '출판 디자인의 한글 캘리그래피에 대한 연구', 2012년에 김수경의 '우리나라 증권사 전용글꼴 디자인에 관한 연구', 2013년에 김성수의 '한글 자소조합 방식에 따른 활자 디자인 개발에 관한 연구', 2014년에 김강의 '한글 음절 1만 1,172개 폰트의 위치정보 디자인에 관한 연구'로 석사논문이 계속되고, 2015년에는 동국대 언론정보대학원 전효정의 '위치정보를 이용한 한글 폰트 디자인'이 발표되었다.

　2015년 10월에는 한글 활자 연구에 기념비적 업적을 남긴 책《한글 활자의 탄생》이 일본 쓰꾸바대학교 류현국 교수의 12년에 걸친 연구 결과로 출간되었다. 2017년에는 류현국 교수의《한글 활자의 은하계》도 출간되었고, 2019년에는 류현국·이기성 외 13인이 공동으로 집필한《동아시아 타이포그래퍼의 실천》이 출간되었다. 한글에 관한 연구는 여러 분야에서 이루어지고 있지만 '인쇄와 출판산업'의 처지에서 한글 활자 연구를 과학적으로 접근한 류현국 교수의 저서는 한글 활자 연구의 마중물이라 할 수 있다.

제4부

:

전자출판의 발전 과정

43. 1940년대 한글 활자와 출판

출판의 밝은 미래를 위해 과거로 시간여행을 가보자~!
1919년 대한민국 임시정부 수립 이후 지금까지의 출판 환경을 돌아보면서 출판의 본질을 되새기고 미래의 출판을 생각해 보자~!

　대한민국은 1919년 임시정부 수립 시점에서 국가의 명칭을 대한제국에서 대한민국으로 변경함으로써 그 역사가 시작되었다. 그 당시 국가의 3요소 중에서 영토와 국민은 있었지만 주권을 일제에 빼앗긴 상태였으므로 그때 출판을 한다는 것은 최고의 엘리트 집단이 민중을 계몽하고 빼앗긴 주권을 찾기 위해 독립운동을 하는 것이었다. 출판계는 빼앗긴 주권을 찾기 위해 당시 정부(일제 총독부)에 끊임없이 비판의 칼날을 드리웠고, 이러한 전통은 오늘날까지 이어져 정부의 정책에 대한 환경감시 기능이 언론출판의 가장 중요한 기능으로 자리 잡았다.
　일제는 우리나라의 찬란했던 역사를 왜곡하기 위해 우리의 상고사를 기록한 책들을 모아 불태워 버리고, 삼국 시대 이전의 역사를 지우고 왜곡시켜 버렸다. 우리 조상들의 일들을 부끄럽게 여기도록 식민교육을 실시했다.

우리나라의 영토를 한반도에 국한시킨 일제의 조작된 속임수 교육으로 인해 잘못된 역사관을 갖고 있는 사람들이 많다. 가령 백제의 영토만 하더라도 대륙의 백제, 반도의 백제, 열도의 백제가 있었는데, 일제는 대륙과 열도에는 백제가 있었다는 사실 자체를 없애버렸다. 학생들이 사용하는 교과서는 일본어로 되어 있었고, 교과서의 내용도 식민지배에 필요한 내용으로 채워졌다. 이러한 일제 식민교육의 잔재는 아직도 없어지지 않고 우리 국민들을 분열시키는 근원이 되고 있으므로 하루빨리 청산해야 한다.

1945년, 일제로부터 광복했으나 이는 우리 스스로 만들어낸 광복이 아니었기에 우리 민족은 다시 3년간 미군정 치하에서 지내게 되었다. 그 당시에는 장왕사(동지사), 명문당, 정음사, 박문사, 을유문화사 등의 출판사가 활발하게 움직였다.

미군정 당국은 1945년 10월 30일자로 '군정법령 제19호'를 공포하여 출판등록제를 실시했는데 모두 45개의 출판사가 연말까지 등록 절차를 마쳤다. 미군정에서는 일본말로 된 출판물 대신에 한국어로 출판물을 만들기보다는 영어로 출판물을 만드는 것이 훨씬 유리하다고 부추겼다. 출판인들은 이에 굴하지 않고 우리 고유문화를 발전시키고 민족정기를 회복하기 위해 매진하며 한국어로 된 출판물을 발행했다.

1945년 광복 후 한글로 교과서를 제작하려는데 국내

사진으로 보는 광복 직후의 교과서들

에서 한글 납활자를 구하기 힘들어 우선 필경으로 등사
판 인쇄를 했다. 필경용 한글 서체는 필경사들이 직접
손으로 줄판(홈이 패인 강철판)에다 철필로 쓰는 육필체
였다.

광복 당시에는 인쇄 시설과 기술이 미비하고 용지난이
극심했다. 인쇄용지는 품질이 낮은 갱지(更紙)나 봉투
나 포장지에 썼던 선화지(仙花紙)를 사용했다. 표지는 석
판인쇄를 하고, 본문은 등사판을 이용한 수작업으로 인
쇄를 하고 일일이 손으로 철사를 끼워 제책을 하여 책을
펴냈다.

1948년에 대한민국 정부가 수립되면서 교과서와 학습
참고서가 크게 늘어나 출판계는 활기를 찾을 수 있었다.

44. 1950년대 한글 활자와 출판

1950년대 출판계는 한국전쟁으로 인해 발전 속도가 느려졌다. 전쟁 기간 중에도 교과서 출판과 아동물 출판이 계속되었는데, 애국심을 고취하는 만화 출판물의 인기가 많았다.

출판의 콘텐츠가 같다고 하더라도 세로짜기로 조판하느냐, 가로짜기로 조판하느냐에 따라 독자의 이해 정도와 출판물의 아름다운 정도가 달라진다. 세로짜기 조판과 한자, 단기 달력에 익숙한 독자들이 우세했던 1950년대와 1960년대에는 편집을 세로짜기로 조판하고 연호를 단기로 표기한 출판물이 많이 발행되었다.

1950년대에 발행된 장왕사의 만화출판물로는 코주부 김용환 화백이 그림을 그린 《한니발 만화》(1951년 발간), 《빛나는 소년 고수 만화》(1952년 발간), 아동용 컬러 그림책 시리즈 《아리바바와 산적》(1955년 발간), 《도토리 용사》 등이 있다. 장왕사에서 발행한 교과서로는 《공민》, 《영어》, 《과학실험》, 《세계사지도》 등이 있고, 단행본으로는 《쇼팡》, 《나의 유학기》, 《나의 여행기》, 《해운경제론》이 있으며 잡지로는 〈선봉〉이 있다. 장왕

사에서는 납활자를 주조하여 인쇄하는 일반 교과서는 납
활자 주조기가 수입될 때까지 기다리기로 하고, 트레이
싱 페이퍼에 직접 글자를 제도하는 지리부도(우리나라의
생활부도, 이웃나라의 생활부도, 먼나라의 생활부도)용
한글 활자의 원도를 먼저 김영작 옹에게 의뢰하여 제작
키로 했다. 원로 제도사인 김영작 옹은 그 당시 지도 제
작계의 최고 실력자였다. 김영작 옹이 국내 최초로 한글
서체 원도 한 벌을 완성했다. 이 글자로 제도된 지리부
도는 1952년에 《중학교 사회생활부도》라는 과목명으로
문교부 검정을 취득한다.

　1950년 6월에는 신학기가 시작되어 교과서가 한창 생
산되어 공급 중이었는데 한국전쟁이 발발함으로써 교과
서 대금의 회수가 거의 불가능한 상태가 되고 말았다.

　1950년 10월 국방부 정훈국에서는 '장왕사에서 펴낸
이병도의 국사를 순한글로 100페이지쯤으로 압축해서 북
한 수복지구 국민들에게 선전용으로 쓰려고 하니 100만
부를 만들어 달라'고 요청했다. 당시 장왕사의 이대의 사
장은 연일 밤샘 작업을 하여 견본 3,000부를 찍어 국방부
로 가져갔다. 그러나 갑자기 중공군이 한국전쟁에 참전
하게 되면서 100만 부 발행은 물거품이 되고 말았다.

　1950년 12월 장왕사는 활판과 오프셋기계를 청량리역
에서 기차에 실은 뒤 버스를 대절하여 지형과 인쇄기술
자, 편집직원을 태워 대구로 내려갔다. 기술자와 직원들
은 대구 대영당서점 손중태의 주선으로 셋방에 들었고,

1951년 1월에 도착한 인쇄기계는 대구시 포정동 창고에 설치했다. 그때부터 장왕사는 국방부 지정 인쇄공장으로 간판을 내걸고 국방부 정훈국에서 만드는 선전포스터, 벽보, 귀순용 전단, 포고문 등을 인쇄했다.

1953년 8월에 정부가 부산에서 서울로 환도하고, 1956년 1월 교육과정이 전면 개편되자 검인정교과서도 전면 개편됐다. 신규 검인정교과서는 916종이었고, 합격한 출판사는 66개였다. 이 당시 장왕사는 56종의 교과서를 합격시켜 검인정교과서주식회사의 대주주가 되었다.

1952년에 한글 활자 원도 디자이너 최정순이 문교부의 국정교과서용 납활자(연활자) 원도를 제작했다.

1955년에 한글 활자 원도 디자이너인 최정호가 동아출판사와 삼화인쇄의 납활자 원도를 그렸다.

45. 1960년대 한글 활자와 출판

1960년 11월 교과용 도서 체제 기준이 발표되고, 1963년부터 제2차 교육과정기가 시작되어 많은 출판사들이 검인정교과서 심사에 응모했다. 심사에 여러 책이 합격한 출판사는 대형 규모의 출판사로 알차게 발전하고 있었다.

1960년대 한국에 수출산업이 거의 없던 시기에 출판계는, 특히 교과서 출판계는 원양회사, 전자회사를 인수할 정도로 규모가 커지고 있었다. 고려서적은 고려원양을, 법문사는 오양수산을, 장왕사는 공양물산을, 사조사는 사조산업을, 민중서관은 민성전자를, 양문사는 삼영전자를 인수했다. 당시 장왕사는 검인정교과서 출판사중에서도 3위 안에 드는 거대 출판사였다.

현재도 교과서와 학습참고서 매출액이 출판계 전체 매출액의 60%를 상회하지만, 1950년대와 1960년대의 출판계도 문교부(교육부)의 검정 시험에 합격한 교과서를 발행하는 출판사의 매출액이 단행본, 전집, 잡지를 포함한 전체 출판계 매출에서 상당한 비중을 차지했다.

따라서 국정교과서, 동아출판사, 장왕사, 탐구당, 민중서관, 삼화출판사, 교학사, 법문사, 영지문화사 등이 초대형 출판사의 위치에 있었다. 그중에서 장왕사, 동아출판사, 국정교과서는 자체 금속활자를 개발하여 교과서를 조판했다. 인쇄사로는 서울신문사, 중앙일보사, 삼화인쇄(1957년 설립), 광명인쇄공사(1961년 5.16군사혁명공약 인쇄), 평화당인쇄(1920년 설립), 보진재(1912년 설립) 등 대형 인쇄사에서 자체 디자인된 금속활자를 소유하고 있었다.

1962년에 최정순이 중앙일보사와 평화당인쇄의 납활자를 제작한다. 1966년에 최정호가 도서출판 장왕사의 교과서용 활자 원도를 그리고 이를 광명인쇄사에서 금속활자로 제작한다. 이 장왕사 교과서용 활자의 자모는 광명인쇄사뿐 아니라 신일인쇄사, 법문사인쇄사에서도 사용되었다.

1964년 장왕사의 한철우(편집국장), 최운선(영업부장), 김영작(제도실장), 이기성(사원), 신정식(신정사인쇄소 대표), 정봉규(동신인쇄 대표) 등이 모여서 편집/기획/영업/경리/지도제작/활자/오프셋인쇄/활판인쇄/제책 등 각 분야에 대해 이론과 현장 실습 공부를 했다. 이때 대외적으로는 종로 관철동 근처에 본사가 있던 장왕사(이기성), 박영사(안종만), 계몽사(김춘식), 영지문화사(백문영)가 모여서 출판에 대하여 정보교환과 토론도 하며 친목을 도모했다. 이렇게 시작된 출판연구 클럽이 주니어클럽으로 발전했고, 나중에 이들이 전자출판연구회를 창립하는 모태가 되었다.

46. 1970년대 한글 활자와 출판

1977년 검인정교과서 발행 출판사 탄압 사건 이후 한국의 출판계는 축소되기 시작했고, 출판계의 매출액 순위도 바뀌게 되었다.

우리나라의 출판계와 인쇄계는 1970년대까지는 금속활자 시대였다. 1975년까지는 아직 개인용컴퓨터(PC)가 발명되기 이전이므로 컴퓨터라면 대형/중형 컴퓨터를 지칭했다. 컴퓨터 운영체제는 컴퓨터 제조회사별로 자체 OS(Operating System)를 사용했고, 코드는 EBCDIC code와 1968년에 미국에서 제정된 ASCII code를 사용했다. 한글을 구현하려면 그림문자 상태로 표현할 수밖에 없었고 N-byte 한글체제를 사용했다.

1971년에 이기성 원장과 함께 일본 출판연수에 다녀온 을유문화사(정필영)와 현암사(조근태), 삼중당(서건석), 동보문화사(임요병), 학원사(김영수) 등 2세가 추가로 모이게 되자 업계에서는 주니어클럽, 또는 새끼회라 불렸다.

1972년 9월 24일자 〈주간한국〉에 '1년 넘기기 어렵다는 출판업 부전자전'이라는 제목의 전면 기사가 실렸다.

장왕사, 현암사, 을유문화사, 계몽사, 학원사, 삼중당
등 20년 이상의 전통을 가진 출판사 10개를 골라 아버지
와 아들을 인터뷰한 기사였다.

　1970년부터 정부는 교과서에서 한자를 폐지하고 한
글 전용 정책을 실시한다. 1977년 박정희 정권에서 발
생한 검인정교과서 탄압 사건에 대한 소송이 1980년대
에 들어와서도 계속 진행되고 있었다. 제4차 교육과정
기(1981. 12.~1987. 3.)에 사용할 중고등학교 교과서는
1982년 4월에 검인정 심사를 했으므로 1989년 대법에서
최종 승소 판결이 나기까지는 장왕사 이름이 아닌 진명

교재연구원이나 진명문화사의 안종국 대표 명의로 출판 사업을 진행할 수밖에 없었다(1977년부터 1989년까지 12년간 장왕사 명의 사용 불가). 1983년에 발표된 제4차 교육과정 출판사 합격 현황을 보면 장왕교재연구원은 5 책이 합격했다.

1972년 10월 정부의 유신 조치가 발표되고, 1973년에 '제3차 교육과정기'가 시작되었다. 유신 정부에 의해 검인정교과서의 국정화, 단일본화 사건 등이 진행된다.

일반사회, 정치경제, 중학 사회3 교과서에서 민주주의의 3권 분립에 대한 언급과 3권 분립 이론을 주장한 몽테스큐를 삭제하고 유신 헌법 내용을 교과서에 더욱 충실하게 반영하라는 교육부의 교과서 수정지시에 대하여 대학교수 저자들과 검인정교과서 발행 출판사들이 잘 따르지 않자, 불만이 쌓인 정부는 결국 1977년 2월에 검인정교과서 발행 출판사 대표들을 체포, 구금하는 사건을 일으킨다.

1977년 검인정교과서 발행 출판사 탄압 사건으로 한국의 출판업계와 인쇄업계가 위축되고 한글 활자 원도 그리기와 활자 제작 사업도 수년간 중지되었다. 이 사건은 12년간 소송 후인 1989년에서야 '고문과 협박에 의한 자백은 무효'라고 대법에서 승소했다.

47. 1980년대 한글 폰트와 전자출판

1982년 청계천 세운상가에서 애플II 컴퓨터 복사본을 조립하고, 인텔에서 CPU용 i80286 칩을 출시하자, 한국의 인쇄/출판업계는 중형컴퓨터 위주에서 개인용컴퓨터 분야로 눈을 돌리게 되었다.

1981년에 출판사 수가 2,000개를 넘어섰고, 1983년에 전체 발행 부수가 1억 부를 돌파하며 출판시장이 확대되면서 출판 분야가 다양해지고 전문화되었다. 텔레비전의 컬러화에 맞춰 출판물에서도 컬러인쇄로 변모했다. 판형은 대형화되었고 무선제책이 일반화되었다.

제5공화국 정권은 1984년에 출판 자유화 조치를 시행하고 대학 교육의 대중화를 꾀했다. 이로 인해 출판물이 크게 늘어나자 도서의 광고홍보 업무가 중요해졌다.

디지털 시대에 막 들어선 1980년대의 한국 출판계와 인쇄계는 금속활자나 사진식자 시대에 겪지 못했던 걱정이 생겼다. 컴퓨터로 조판한 문장에서 한글이 빈칸으로 나오거나 다른 글자로 바뀌어 나오는 일이 발생했기 때문이다. 이 문제를 해결하려고 전자출판연구회(CAPSO)와 컴퓨터 통신 동호회인 엠팔에서 컴퓨터 회사마다 다른 한글 코드를 변환시켜 주는 프로그램 개발에 동참했다. 문어발, 여우꼬리, 불타는 여우꼬리 프로그램 등이 속속 나타나서 컴퓨터 사용자와 출판인들을 도와주었다.

그러다가 정부의 KS한글코드(2,350자만 가능), 삼보한글코드, 큐닉스조합형한글코드, 삼성조합형한글, 금성마이티한글, KS한글조합형버전, 조합형한글1, 조합형한글2, 7비트완성형한글코드의 9가지 다른 한글코드 모두를 한국전자출판연구회의 표준 한글코드인 삼보한글코드로 바꿔 주는 '카멜레온' 프로그램이 등장했다.

1982년에 청계천 상가에서 AppleII+ 호환 기종을 생산하기 시작했다. 1980년대 중반부터는 16비트급 IBM PC 호환용 컴퓨터에서 보석글(T-Maker, T-Master), 장원, 글벗, 명필, 워드스타, 워드퍼펙트, PFS-Write, Symphony, Framework, 텔레비디오 워드 등 여러 워드프로세싱 프로그램이 사용되었다. 1989년에 IBM XT 컴퓨터용 아래아한글 워드프로세서 버전 1.0이 나올 때까지는 컴퓨터 메이커별로 워드프로세서 판매 경쟁이 치열했다.

미국에서 영문 DTP가 시작된 해인 1985년도에 우리나라에 도입된 입력기 수는 모리자와 102대, 사켄 47대, 모도야 40대로 모두 189대였고, 1986년에는 국내 사진식자사 수는 584개나 되었다.

정주기기(대표 김정홍)에서 수동 사진식자조판기를 개발한 해인 1979년에 ㈜한국컴퓨그래피에서는 한글 전산 사식조판시스템(HK-7910)을 개발하는 쾌거를 이루었으나, 당시 국내 인쇄계의 인식은 일제를 선호하는 것을 벗어나지 못하고 있었다. 그러다가 1986년에 생산된 국내 STI 회사의 '캅프로86' 입력기와 1988년도의 '캅프로88'은 개인용컴퓨터에다 한글 조판용 프로그램을 탑재한 전산사식입력기로, 당시 일제 사켄 시스템과 모리자와 시스템, 모도야 시스템이 판치던 국내 전산사식업계를 놀라게 했다.

1987년 영진출판사는 한국 최초로 한글DTP 방식으로 조판한《알기쉬운 BASIC 프로그램 모음》책을 출판했다. 사용 컴퓨터는 애플II+ 호환기종과 IBM PC 호환기종, 사용 폰트는 삼보컴퓨터의 레이저프린터에 내장된 롬 폰트와 큐닉스의 레이저프린터 롬 폰트였다. 이 책의 저자는 이기성/탁연상이었다.

1987년 장왕교재연구원과 영진출판사에서 사용한 보석글DTP 시스템은 다음과 같았다. 원고는 애플II+ 호환기종에서 작성하고 완성된 원고 파일은 애플과 IBM의 통신 프로그램을 사용하여 IBM PC로 옮겨서 저장한다. IBM PC에서 보석글 워드프로세서로 읽어들여서 보석글 DTP용 프린터 제어기호를 추가하고 라인 프린터가 아닌 페이지 프린터 방식의 레이저프린터로 A4 크기의 아트지에 한 페이지씩 출력했다.

본문에 삽화사진을 넣는 방법은 촬영한 삽화사진 음판을 먼저 촬영된 본문 음판에다 따붙이기(고바리)를 한다.

삽화사진 음판이 첨부된 본문 음판을 밀착하여 오프셋 인쇄용 양판 필름을 만들고 터잡기(하리꼬미)를 한다. 사식조판 비용은 국판(5×7)이나 사륙배판 크기 한 페이지 조판에 5,000원씩 받던 시절에 보석글DTP 방식 출력 비용은 A4 크기 아트지 한 장 값인 20원이었다. 프린터 용지 1장 값이다. 548페이지의《전자출판-신문과 출판에서 컴퓨터의 이용》책의 사진식자 조판 비용은 274만 원이고, 보석글DTP 방식은 1만 960원으로 책 1권의 조판비를 비교하면 보석글DTP 방식이 270만 원이나 경비를 줄였다. 원가 270만 원은 초판 2,000부를 인쇄할 때 정가를 권당 1,350원이나 싸게 책정할 수 있었다.

같은 분량의 책의 정가가 8,000원인 것과 9,350원인 것의 판매 부수는 차이가 매우 크다. 컴퓨터 관련 책이 한창 유행하던 1980년 말에는 운영체제(DOS), 개인용컴퓨터용 프로그램 언어(BASIC, MBASIC), 데이터베이스, 워드프로세서 관련 책들이 우후죽순처럼 출판될 때이므로 한 달에 다섯 가지씩 1년이면 60종의 책을 제작할 수 있었다. 사진식자로 조판하는 출판사보다 책당 원가가 270만 원씩 저렴하다면 1년이면 60종 출판에 경비를 1억 6,200만 원이나 줄일 수 있고, 보석글DTP 방식은 그 비용만큼 더 이익이 발생한다.

영진출판사가 급속하게 성장하고 출판업계에서 가장 먼저 상장을 할 수 있었던 배경에는 경쟁사에 비해 원가를 절감했기에 가능한 일이었다.

48. 1990년대 한글 폰트와 전자출판

1990년대에 문화부에서 '한글 글자본 제정 기준안'을 확정하고, 한글 교과서본문체인 문화바탕체와 교과서네모체인 문화돋움체를 개발했다. 문화부 폰트 개발과정에서 최정순 옹과 이기성이 원도를 그렸다.

1990년 〈주간조선〉에 이기성의 칼럼 '뚱보강사의 컴퓨터 이야기' 연재(1990년 4월부터 1994년 2월까지 매주, 192회)가 실렸다. 1,000자 칼럼 '뚱보강사의 컴퓨터 이야기'는 원고를 등기우편이나 인편으로 배달하지 않고, 컴퓨터를 전화기에 연결하여 엠팔의 전자게시판이나 데이콤의 한메일에 접속하여 〈주간조선〉 담당 기자에게 발송한 것으로 유명했다.

1990년에 한국전자출판정보학회(회장 김광희 동아일보사 국장, 부회장 이기성)가 발족했고, 한양시스템(강경수 사장)이 설립됐다. 이어령 제1대 문화부 장관 시절(1990~1991)일 때 홍보물에 안상수체를 사용했다.

1991년 문화부에서 '한글 글자본 제정 기준안'을 확정했다. 1991년 최정순이 한글 교과서본문체 원도 1만 1,172개 중 2,350개를 그렸고, 이기성이 조합자용 원도

8,822자를 그렸다. 1991년 '글자본 제정 기준안'에 맞추어 기존 장왕사 교과서본문체(명조) 폰트를 수정한 '장왕사 새 교과서본문체'를 제작했다. 1983년에 장왕사 교과서본문체(명조) 활자디자인, 1984년에 장왕사 교과서네모체(고딕), 1985년에 장왕사 본문제목체 활자디자인, 1986년에 장왕사 네모제목체 활자디자인을 마치고 폰트파일로 저장한 것을 문화부가 제정한 '한글 글자본 제정안'에 맞추어 수정한 새 장왕사 폰트를 제작한 것이다. 장왕사는 1992년에 '새 교과서네모체' 폰트를, 1993년에 '새 본문제목체', '새 네모제목체' 폰트를 제작했다.

1991년에는 제3회 아시아 BBS 운영자 대회가 개최되었다. 한양시스템에서 코리아제록스에 레이저프린터용 서체를 공급했고, 윤디자인연구소에서 〈동아일보〉에 서체를 공급했다.

1992년 문화부에서 한글 교과서네모체(문화돋움체) 폰트를 개발했다(검토위원 : 김진평, 이승구, 이기성). 최정순이 한글 교과서네모체 원도 1만 1,172개 중 2,350개를 그렸고, 이기성이 조합자용 원도 8,822개를 그렸다.

1992년 이기성의 《한글 주요 서체폰트 및 자소조합 프로그램에 관한 연구 -문화바탕체-》 책이 발간됐다.

1992년 윤디자인연구소에서 〈조선일보〉에 서체를 공급했고, 서울시스템(이웅근 사장)에서 조선왕조실록 CD 제작용 활자를 개발했다(1992-1995).

1992년 공진청에서 한글표준코드 개정을 이끌어냈다. 한글표준코드에 KSC5601-92 조합형코드가 추가되어 1만 1,172자 표현이 가능해졌다.

1993년 문화부에서 한글 교과서본문제목체(바탕제목체), 한글 교과서네모제목체(돋움제목체)를 개발했다(연구원 : 최정순, 홍윤표, 이기성).

1993년《현대한글 낱내 순위에 관한 연구(1번~11,172번)》책을 (주)장왕사에서 발간했다.

1993년 제1회 한글 글자체 공모전(세종대왕기념회 한국글꼴개발원 주최)이 개최됐다. 홍우동(1941~)이 한글 서체 홍우체를 발표했고, 휴먼컴퓨터(대표 정철)에서 '통합 글꼴'(한글과 한자 40여 종 글씨체)을 출시했다.

1994년 문화부에서 한글 쓰기정체, 한글 쓰기반흘림체를 개발했다(정주상 원도, 서울시스템).

1994년 산돌에서 한글과컴퓨터에 아래아한글용 서체 일부를 공급했고, 한양시스템에서 MS윈도95 기본서체를 공급했다.

1995년 한국전자출판연구회에서 펴낸《출판논총 제1집》을 (주)장왕사에서 발행했다.

1995년 이기성은 계원조형예술대학에 국내 최초로 전자출판과를 설립했다(컴퓨터디자인과 전자출판 전공).

1995년 12월에 KSC-5700 한글코드 규격이 발표됐다.

1996년 2월 12일 휴먼컴퓨터는 '한글윈도3.1 및 한글윈도95용 휴먼글꼴 모음96'을 시판했고, 8월 19일에는

한국검인정교과서 발행인 친목회(1993. 6. 29. 세종문화회관 계단에서) 맨 앞줄 왼쪽부터 이성
배(음악예술사), 이기옥(홍인문화사), 이평섭(구 세계문화사), 김승도(성우출판사), 김준석
(중앙출판공사), 백남홍(전 백영사), 둘째 줄 왼쪽부터 손홍명(세계문화사), 이강호(강호문화
사), 변우경(수도문화사), 홍석우(탐구당), 이대의(장왕사), 홍철화(일심사), 뒤쪽 서 있는
줄 왼쪽부터 심성태(현대악보), 장지익(형설출판사), 이종태(문호사), 홍동화(대중서원), 김
태선(대동문화사), 이병구(고려문화사), 이승달(수도출판사), 신용식(교육출판사), 조수원(장
왕사), 안종국(진명문화사), 노봉구(향학사)

산돌글자은행에 '폰트매니어'를 납품했다. 나중에 휴먼
컴퓨터는 한컴퓨터(대표 강태진)에 합병됐다.

1998년 누보미디어(Nuvo Media)의 로켓 이북(Rocket
e-book)을 시작으로 밀레니엄 리더(Millenium Reader),
소프트북(SoftBook) 등 전자책 전용 단말기가 출시됐다.

1998년 한국글꼴개발원에서 《글꼴1998》을 창간했다.

1998년 한양시스템에서 영진출판사에 출판제작용 서
체를 공급했다.

1999년 산돌에서 〈조선일보〉에 서체를 납품했다. 〈조선일보〉는 가로짜기로 개편했다.

1990년대 초 IBM PC용 워드프로세서 소프트웨어로 보석글-I, 보석글-II와 '아래아한글'이 인기가 있을 때 워드퍼펙, 심포니, 프레임워크, MS워드 등 기능이 다양한 외국 제품이 수입되어 경쟁을 시작했다. 묵향서체로 유명한 강경수의 한양시스템은 1991년에 '한글과컴퓨터'의 아래아한글에 HY신명조, HY중고딕을 제공했다. 한창 번창하던 한글과컴퓨터는 1998년에 IMF 사태로 경영이 악화되어 고전했으나, 다행히 '아래아한글 815버전'으로 계승되었다.

1987년에 영진출판사(대표 이문칠)에서는 IBM PC 호환기종 컴퓨터를 사용하여 국내 최초의 한글 DTP 조판을 시작했다. 명령어 방식인 보석글(T/Maker, T/Master) 워드프로세서 프로그램에 이기성(장왕교재연구원 상무)이 레이저프린터를 콘트롤하는 약간의 프로그램을 패치하여 만든 보석글DTP 프로그램으로 한글/영문 조판을 할 수 있게 된 것이다.

영진출판사는 이 개량된 보석글DTP 프로그램으로《애플 베이식 프로그램 실습》,《실무자를 위한 dBASE III PLUS 프로그램 모음》,《전자출판-신문과 출판에서 컴퓨터의 이용》,《알기쉬운 BASIC 프로그램 모음》책을 조판하고 판매했다. 장왕교재연구원에서도 1987년에《애플과 IBM의 통신》, 1990년에《사진식자개론》,《PC와 사무자동화》책을 보석글DTP 방식으로 출간했다.

1990년에 들어서자 출판산업계는 기존의 일본산 사켄과 모리자와, 모도야, 료비의 아성에 미국산과 한국산 DTP 소프트웨어인 문방사우(휴먼), 똑순이, 디자인퍼펙트, 퀵익스프레스, 오토페이지, 컬러페이지, 페이지메이커, 캅프로86(STI, 김명의), 네오메인(서울시스템, 이웅근), 정주사식기(김정홍) 등 IBM PC용과 매킨토시용 DTP 프로그램이 서로 경쟁 체재로 들어섰다. 계산표(스프레드시트) 프로그램으로는 비지칼크, 매직칼크, 수퍼칼크, 멀티플랜, 로터스, 엑셀이 등장했다. 데이터베이스(DB) 프로그램 분야에서는 중대형 컴퓨터용 오라클, 디비2, 사이베이스 등이 유력했지만 개인용컴퓨터용 소프트웨어인 dBASEII, dBASEIII+, 바구니, 소쿠리, Foxbase, Foxplus, 알베이스, 엑세스 등도 시판되었다.

그러나 당시 국내 수입업자들은 일본에서 한물간 워드프로세서 전용기(젬워드, 르모III, 워드피아 등)를 수입하여 대대적으로 광고하고 판매했으므로 개인용컴퓨터에서 프로그램으로 작동하는 한국 워드프로세서 시장의 발전을 방해했다. 출판과 인쇄 분야에서 컴퓨터의 이용에 대하여 익숙하지 못한 출판계 경영자와 출판 관련 학과 교수들을 위한 '전자출판에 관련된 특강'이 한국전자출판연구회(CAPSO)에 의해 여러 번 실시되었다.

49. 2000년대 한글 폰트와 전자출판

2000년대는 PC게임이 스마트폰게임으로, 윈도OS에서 안드로이드OS로 변화가 시작된 시대이고, PC SW보다는 앱(application)이 더 인기가 있는 세상이 되었다.

 2000년대 출판계는 제조업에서 정보서비스업으로 변모하기 위해 노력했다. 지식정보화 시대의 출판은 우리 고유문화의 계승발전을 추구하면서도 산업의 속성을 구비하고 있다. 콘텐츠 개발과 축적과 전파를 담당하는 출판산업은 언제나 어디서나 누구나 네트워크에 접속하는 유비쿼터스 시대를 맞이하여 원천 콘텐츠로서 인정받고 있다. 출판 원고로 출판물과 문화상품을 순차적으로 기획하는 OSMP시대를 지나 아예 처음부터 한꺼번에 기획하는 방식인 OSUP출판도 등장했다.
 2000년에 이기성 한국전자출판연구회장은 1820년경 소멸된 한글 글꼴용 도(陶)활자 제작 기술을 세라믹 신소재 공정을 이용하여 재현하는 데 성공했다. 도자기활자는 납활자와 달리 환경 친화적인 소재로 제작하므로 인체에 해로운 독성물질을 내뿜지 않는다. 아날로그와

디지털을 둘 다 사용하는 아나털(anatal) 시대인 현재 우리는 공해가 없는 아날로그 활자인 한글 세라믹 도활자와 디지털활자인 한글 폰트의 제작 방식을 계승하고 개량 발전시켜야 할 것이다.

이기성 원장이 재현한 도자기활자와 관련 논문은 2001년 한국어세계화재단이 구축한 '디지털 한글박물관'(www. hangeulmuseum. org)에서 볼 수 있다.

2000년에는 '사이버출판대학'이 개교되어 2006년까지 6년간 운영됐다(이사장 청솔 박지호, 학장 이기성). 2000년에 전자책 전용단말기 이키온, 하이이북, 에이원프로 등이 출시됐다. 2000년 10월 청주에서 열린 제3회 국제 인쇄와 출판 엑스포2000에서는 이기성의 'A Study on the Prospect of the Digital Font and the CAP' 논문이 발표됐다.

2004년에는 미국 샌프란시스코에서 개최된 IBEC 국제 학술대회에서 이기성이 '한글 폰트, 탁상출판, 전자책에 관한 한국의 출판 기술'에 대해 발표했다.

2004년 2월 4일 한국콘텐츠출판학회가 창립되어 계원
예대 이기성 교수가 회장으로 선출됐다.

2008년 8월에 제2회 한국어학회 국제학술대회에서
'한글의 글꼴과 디자인'을 주제로 이기성, 유정숙, 석금
호, 한재준이 발표를 했다. 토론자는 고경대, 김경도,
이용제, 김동빈이었다.

2008년 10월 '한국폰트협회'가 발족됐다(회장 한양시
스템 강경수 사장).

2008년 10월 제16회 한글 글꼴 공모전을 개최했다(공
모전 1993년부터 2008년까지). 이기성은 1회~8회, 10
회공모전 심사위원으로 참여했다.

이기성은 2007년 《한글 타이포그래피》, 2008년 《타
이포그래피와 한글디자인》, 2009년 《한글디자인 해례와
폰트디자인》을 출간했고, 2009년에 릭스본문체 폰트를
제작했다.

50. 2010년대 한글 폰트와 전자출판

2010년대에는 한국전자출판연구회가 기존의 전자출판학회와 신규 한국전자출판학회로 분리됐다. 한국출판문화산업진흥원장이 된 이기성은 한글 글자본 제정 기준을 적용한 전자출판용 서체인 순바탕체를 개발했다.

2010년대에는 출판의 내용이 되는 자료와 정보와 지식이 넘쳐나는 세상이 되었다. 매일같이 쏟아지는 쓰레기 정보와 무용지식 속에서 제대로 된 정보와 지식을 만나기가 더욱 어려워졌다.

제4차 산업혁명 시대를 맞아 빅데이터를 기반으로 딥러닝을 하며 스스로 진화하는 인공지능 로봇과 첨단 기술에 대한 막연한 두려움은 우리를 기술중독으로 몰아가고 있다. 출판편집을 인공지능을 가진 로봇이 한다면 기계적으로 주어진 공식대로 빠른 시간 내에 짜맞추는 것은 훨씬 더 잘할 수 있을 것이다. 하지만 출판물에서 우러나오는 독특한 분위기나 생생하게 오감으로 전해지는 느낌은 로봇이 따라잡을 수 없다. 이러한 아날로그적이고 인간적인 감성능력을 키우기 위해서는 과학적인 출판편집 교육을 강화해야 한다.

2012년에 한국전자출판연구회(CAPSO; Computer Aided Publishing Society)에서 KDIPS(Korea Digital Publishing Society)가 분리해 나갔다. 기존 CAPSO는 전자출판학회로, 신규 KDIPS는 한국전자출판학회로 명칭을 정했다. 한국전자출판연구회(CAPSO)는 한글 명칭을 전자출판학회로 변경하고 영문은 CAPSO 그대로 됐다.

한국전자출판연구회는 1988~1990년 제1대 CAPSO 회장 김병희(탑출판사 사장), 1990~1992년 제2대 CAPSO 회장 허창성(평화출판사 사장), 1992~2010년 제3대 CAPSO 회장 이기성(신구대, 계원대 교수, 장왕교재연구원 상무), 2011~2012년 제4대 CAPSO 회장 손애경(글로벌사이버대학교 교수), 2012년에 한국전자출판연구회(CAPSO) 명칭을 전자출판학회(CAPSO)로 변경하여 이기성 교수가 제5대 CAPSO 회장으로 취임하여 현재에

이른다.

이기성 원장은 계원예술대학교를 정년퇴임하던 2011년에 한국전자출판교육원을 설립했다. 한국전자출판교육원(원장 이기성, 부원장 김경도)에서는 2013년 9월부터 2015년까지 목요출판 특강을 15회 실시했다. 특강 연사는 글로벌사이버대학교 문화콘텐츠학부 강의 교수진과 한국전자출판교육원 연구자들이 맡았으며, 연제는 출판 산업 전반의 출판 이슈로 선정해 진행했다. 2015년에는 전자출판창업특강과 출판창업취업특강을 9회 실시했다.

일본 쓰쿠바대학교의 류현국 교수가 2015년에《한글 활자의 탄생(1820~1945)》을, 2017년에《한글 활자의 은하계(1945~2010)》를 펴냈다. 2019년에 류현국·이기성 외 13인이 펴낸《동아시아 타이포그래퍼의 실천》이 한국출판연구소의 출판평론상 대상을 수상했다.

　2016년 2월 제2대 한국출판문화산업진흥원에 이기성 원장이 취임했다. 이기성 원장은 파리도서전을 시작으로 주요 해외 도서전에서 전자출판관을 운영하고 그림책을 전시했으며 '찾아가는 도서전'을 개최하는 등 우리 책들이 해외로 널리 뻗어갈 수 있는 발판을 마련했다. 또한 우수 출판콘텐츠를 선정해 양질의 출판콘텐츠가 출간될 수 있도록 돕고, 전자출판 인프라 구축을 위한 다양한 사업을 추진했다. 독서진흥본부를 새로 신설하며 청소년 북토큰, 독서대전, 문화복지 책나눔 등 기존의 사업과 더불어 인문독서 예술캠프 등의 신규 사업도 함께 추진해 출판진흥원의 독서사업을 확대했다. 아울러 출판물불법유통신고센터 운영, 출판 전문인력 양성, 출판산업통계 작성 등의 사업도 활발하게 전개했다.

　이기성 원장은 출판진흥원 서체(순바탕체)를 한글 글자본 제정 기준에 맞도록 개발하고 배포하여, 누구나 사용할 수 있도록 했다. 전자책 호환성 강화, 출판 콘텐츠

수요 창출, 출판 전문인력 양성에 필요한 제도를 강화하고, 비즈니스 활성화, 시대의 흐름에 맞춘 출판 수요 창출과 출판수출 확대도 추진했다.

이기성 원장은 출판타이포그래피의 학술적인 발전을 위하여 중국과 일본에서 개최하고 있던 '한중일 출판타이포그래피 학술대회'를 2017년에 한국에서도 개최할 수 있도록 후원하고 행사 주관을 한국출판학회에 맡겼다. 뉴국제호텔 서울에서 열린 이 행사에서 이기성 원장은 류현국, 홍윤표, 유정숙 교수와 함께 한국을 대표하여 발표했다. 이기성 원장은 2018년 9월 1일 '동아시아 타이포그래피 세미나 & 심포지엄'에 홍윤표, 유정숙, 김경도 교수와 함께 한국을 대표하여 참석했다.

2018년 4월 4일 한국편집학회(Korea Edit Society)가

창립되어 초대회장에 이기성 원장이 취임했다.

　‘퍼블리시(publish)’에 해당하는 용어가 존재하지 않던 조선 중기까지도 편집은 ‘출판과 편집’의 뜻으로 사용되어 대장경 발간 작업도 기획, 편집, 제작, 유통으로 분리하여 진행되지 않고서도 대장경 출간을 완료할 수 있었다. 당시의 편집은 지금의 출판과 같은 넓은 의미로 사용되었다. 현재도 영화편집, 필름편집, 영상편집, 드라마 제작할 때도 방송편집, 책을 만들 때도 편집이라는 용어를 사용하고 있다. 이는 편집이 종이책을 만드는 출판편집이라는 좁은 의미가 아니라 한국의 전통적 의미의 출판으로 사용되고 있었음을 의미한다.

　한국편집학회는 2018년부터 정기학술대회를 실시하고 2019년부터는 학회지 〈편집학연구〉를 펴내면서 한국 출판과 한글 활자의 발전을 위해 노력하고 있다.

한국전자출판교육원과 한국편집학회에서는 출판편집 교육 기관을 설립하기 위한 방안을 최우선으로 연구한다. 급변하는 혼합미디어(Mixed Media) 시대에 변화의 물결을 공부하고 적응하며 이용하려면 신매체의 탄생, 신기술, 변화하는 국제 환경, 경제 환경, 독자 환경 등에 대하여 꾸준하게 연구하는 출판교육 전문기관이 필요하다. 왜냐하면 6개월마다 논문을 써서 결과를 제출해야만 하는 현재의 출판연구 시스템으로는 출판계가 발전하고 수익을 창출할 수 있는 방법을 연구하기가 어렵기 때문이다.

한글 글자 원도 개발자 및 연도

지도용/제도용	등사용	타자기용	금속활자용	디지털활자용
김영작 (1900?~ 1980?) 고딕체, 굴림체, 제도체	이대의 (1919~2018) 본문체	공병우 (1906~1995)	백학성 (1800년대 중반? ~1900년대 중반?) 박경서(~1965)	1983~ 장왕사, 이대의 본문체, 네모체, 굴림체, 본문제목체, 네모제목체
1945 김영작 교과서, 지도용	1945 이대의 단행본용		1910년대 백학성 원도의 활자로 인쇄	1986~ 서울시스템, 이웅근 폰트: 김상구(1946~) 네오메인 폰트
1952 김영작 교과서 표지, 사회과부도	1960~1970 원성훈 (원종남) 교과서 심사본	1949 공병우 타자기	최정호 (1916~1988) 최정순 (1917~2016)	1984 산돌, 석금호 1989 윤디자인, 윤영기 1990 한양정보통신, 강경수(묵향)
1956 김영작 신우리나라 지도		김동훈 타자기	장봉선(1917~) 1948 공판사식기 1965 명조, 세고딕	1989 휴먼컴퓨터, 정철 임순범(문방사우) 프론트디자인, 구성회
1966 김영작 사회과부도		1954 백학성 원도를 참고하여 1954~1956 최정순 평화당활자 1955~1957 최정호 동아, 삼화 활자		문화부, 최정순/이기성 (서울시스템) 1991 문화부바탕체 1992 문화부돋움체 1993 문화부바탕 제목체, 돋움제목체
1983 강태진 애플II+용 한글프로세서3		1954 김길환(유풍) 보관	1966 최정호 장왕사 교과서 활자(광명)	1993 홍우동(1941~) 홍우동명조체 1998 동방미디어, 이웅근(구 서울시스템)
1980 삼보컴퓨터, 이용태			1961~1968 최정호 장타이프사 근무	1998 김진평(1949~1998) 별세
1988 최철용 한도컴퓨터			1971 장봉선 CH-B 사진식자기	2009 이기성 릭스본문체, 릭스굴림체
1989 이찬진 아래아한글		2000 이기성 도활자	1988 최정호 별세 진명교재연구원 (장왕사)	2017 한국출판문화산업진흥원(원장 이기성) 순바탕체(윤디자인)

참고문헌

고정일,《한국출판 100년을 찾아서》, 정음사, 2012.

김영작(제도사),《신우리나라지도》, 장왕사, 1956.

동아일보, '검인정교과서 파동 2년. 출판사마다 추징금 진통', 1979년 1월 10일자.

류현국,《한글 활자의 은하계 1945~2010》, 윤디자인그룹, 2017.

손민지, '최정순 한글디자인의 연구', 홍익대학교 대학원 석사학위 논문, 2013.

이기성/고경대,《개정판 출판개론》, 서울출판미디어, 2004.

이기성/탁연상,《알기쉬운 BASIC 프로그램 모음》, 영진출판사, 1987.

이기성,《애플과 IBM의 통신》, 장왕사, 1987.

이기성,《전자출판》, 영진출판사, 1988.

이기성,《한글디자인 해례와 폰트디자인》, 한국학술정보, 2009.

이기성, 'eBook과 출판 워크프로우', 〈2013 전자출판 CEO 과정〉, u-Book Academy, (사)한국전자출판협회(KEPA).

이기성, '情報技術(IT)と韓國出版産業の變化と發展',《제16회 국제출판학회 논문집》, 한국출판학회, 2014.

이기성, '축사',《한국전자출판 30년》, 한국전자출판학회(kdips), 2019.

이대의,《나와 검인정교과서》, 중앙출판공사, 2002.

장윤택 PD, 1989년 KBS TV에서 '요즘 사람들' 프로그램 방영, (http://www.youtube.com/embed/WZ-otCSFzf8).

전자출판연구회 홈페이지, http://www.dtp.or.kr, 2020.

한국전자출판연구회,《출판논총 제4집》, (주)장왕사, 2014.

Ki-sung Lee, The Development and Diffusion of Technology in the Publishing Industry, 〈Proceedings of IBEC2004〉, San Francisco, 2004.

Ki-sung Lee,《Scientific papers on Publishing and Hangeul typography》, Jang Wang Sa, 2007.

한국전자출판교육원 원장 이기성 약력

학력 경기대 대학원 한글세라믹폰트디자인 전공 졸업(공학박사)
단국대 대학원 전자계산학과 한글정보처리 전공 박사 수료
단국대 경영대학원 정보처리 전공 석사 졸업
서울대학교 문리과대학 지리학과 졸업
경기고등학교 졸업

현직 한국전자출판교육원장(2011~현재)
한국편집학회(KES) 회장(2018~현재)
전자출판학회(CAPSO) 회장(1992~2010, 2012~현재)
한국전자출판학회(KDIPS) 고문, 출판문화학회 고문

전직 제2대 한국출판문화산업진흥원장(2016~2017)
계원예술대학교 교수(1995~2011 정년퇴임)
동국대 언론정보대학원 겸임교수(1988~2015 정년퇴임)
한국전자출판협회(KEPA) 부회장
한국사이버출판대학 학장(2000~2006)
도서출판 ㈜장왕사 상무이사(1970~1994)

수상 대통령 표창, 국무총리 표창, 교육부장관 표창, 체신부장관 표창
한국출판평론상 대상, 한국출판학술상 우수상(한국출판연구소)
한국출판학회상, 한국전자출판학회상, 인쇄문화 특별상

업적 76권의 저술과 122편의 학술논문 발표
동국대 언론정보대학원 석사학위논문 67명 지도(1988~2015)
세계 최초로 한글 도자기 활자 개발 성공(2000)
문화부 한글 폰트 개발(1991~1993), 순바탕체 개발(2017)
국내 최초로 한글 DTP 프로그램을 개발(1987)
컴퓨터에서 한글 1만 1,172자 표현 가능한 한글 코드 표준화

한국전자출판교육원 부원장 김경도 약력

학력 동국대 언론정보대학원 출판잡지 전공 석사 졸업
계명대학교 국어국문학과 졸업, 계명대신문사 편집국장
대륜고등학교 졸업

현직 춘명 대표(2008~현재)
동국대 언론정보대학원 겸임교수(2007~현재)
글로벌사이버대학교 겸임교수(2012~현재)
신구대학교 겸임교수(2019~현재)
아주대학교, 한국폴리텍대학 강사(2016~현재)
한국전자출판교육원 부원장(2011~현재)
한국편집학회(KES) 부회장(2018~현재)
출판문화학회 부회장(2019~현재)
대구출판산업지원센터 운영위원(2016~현재)

전직 한국출판학회 부회장(2017~2018)
원광대 겸임교수(2010~2012), 계원예술대 강사(2005~2011)
㈜진학사 기자, ㈜블랙박스 기획팀장, ㈜한경비피 기자

수상 문화체육관광부 장관 표창(2016)

활동 저서 :《될 수 있다! 교정교열가》(2017) 외 다수
출판 및 디자인 분야 NCS/국가기술자격 전문위원(2014~현재)
한국출판문화산업진흥원 출판교육 자문위원(2016~현재)
한국폴리텍대학(인천) 출판창업교육(2017~현재)
대구출판산업지원센터 출판창업교육(2017~현재)
전국 초·중·고교 출판진로특강(2013~현재)

한글 활자와 전자출판의 연대기

한국 출판 이야기

초판 1쇄 발행 2020년 3월 3일

지은이　　이기성·김경도

펴낸이　　김경도
편집장　　이선영
펴낸곳　　춘명
주　소　　서울시 마포구 마포대로 4나길 46 덕성빌딩 2층
전　화　　02-2654-3288
팩　스　　02-2654-3287
출판등록　2008년 9월 9일(제300-2008-87호)

Copyright © 2020, 이기성·김경도

ISBN 978-89-94676-16-6 (03010)
값 12,000원

이 도서의 국립중앙도서관 출판예정도서목록(CIP)은 서지정보유통
지원시스템 홈페이지(http://seoji.nl.go.kr)와 국가자료종합목록
구축시스템(http://kolis-net.nl.go.kr)에서 이용하실 수 있습니다.
(CIP제어번호 : CIP2020007117)